DE

LA RÉVOLUTION

EUROPÉENNE.

IMPRIMERIE DE BRASSEUR AINÉ.

DE
LA RÉVOLUTION
EUROPÉENNE,

Le présent est gros de l'avenir.
LEIBNITZ.

Par C. J. B. Bonnin.

A PARIS,

Chez
- A. EYMERY, libraire, rue Mazarine, N° 30.
- DELAUNAY, Palais-Royal, galerie de bois, N° 244.
- PELICIER, Palais-Royal, galerie des offices, N° 10.

1815.

DE

LA RÉVOLUTION EUROPÉENNE.

———

Le débordement des nations nomades du nord sur le midi de l'Europe dans les premiers siècles de l'ère vulgaire entraîna à sa suite l'envahissement et les ravages, porta partout la destruction. Cette invasion brisa dans tous les pays les fers que les Romains avaient imposés à l'univers connu, et leur substitua ceux de la barbarie. Le partage de l'Empire, la faiblesse ou l'imbécillité superstitieuse des derniers empereurs d'occident et d'orient, en affaiblissant le pouvoir, laissèrent les provinces romaines sans défense, ouvertes à tous les peuples qui s'y répandirent à l'envi, ou qui s'empressèrent de secouer un joug qu'ils supportaient impatiemment. L'empire romain fut renversé, et avec lui disparurent les faibles restes des lois déjà méconnues, des connaissances et des arts déjà presque nuls (1).

Dans ce déplacement de nations les peuples primitifs se perdirent avec le souvenir de leur origine; du démembrement du colossal empire romain il se forma une multitude de petits Etats fondés par la violence et la force, mais dont les noms, la police et l'étendue sont à peine connus; seulement les peuples jouissaient d'une grande indépendance sociale, dont ils étaient très jaloux; et leurs chefs électifs, auxquels les historiens donnèrent le nom de rois, réunissaient dans leurs personnes le commandement militaire au droit d'assembler la nation pour ses affaires générales : ils n'étaient que les administrateurs de leurs républiques.

Les Francs, peuples de la Germanie qui s'établirent dans les Gaules, se fixèrent des premiers. Ils étendirent leurs conquêtes sur leurs voisins, et s'incorporèrent plusieurs

______

(1) Voy. Montesquieu, DE LA GRANDEUR ET DE LA DÉCADENCE DES ROMAINS, chap. XIX et suivans, les causes de la destruction des empires d'occident et d'orient.

peuples indigènes , vivant aussi par petites nations dans les forêts qui couvraient presque tout le pays. Comme eux ils avaient des conseils, pour leurs affaires générales , et ils établirent un gouvernement militaire-civil qui tenait de l'état de barbarie dans lequel ils étaient avec le reste de l'Europe.

Des guerres continuelles de destruction marquèrent ces premiers tems de l'Europe ancienne ; et comme dans l'enfance des peuples les guerres sont des rivalités meurtrières qui offrent des actions d'éclat et ce mépris de la mort qui est tout pour des gens sans cesse armés , l'Europe fut partagée en autant de nations qu'il se trouva de chefs audacieux qui s'emparèrent du pouvoir. Les capitaines qui fondent les premiers l'indépendance des peuples par des victoires et des conquêtes deviennent leurs premiers maîtres.

Mais la faiblesse de ces chefs et leur gouvernement militaire facilitèrent à ceux qui remplissaient sous eux les premiers emplois de rendre leur autorité héréditaire dans leurs familles par l'importance qu'ils mirent à leurs fonctions, qu'ils surent faire regarder inhérentes à leurs personnes. Les prérogatives qu'ils avaient acquises, les biens et les priviléges dont ils jouissaient leur firent s'attribuer les droits des princes ; et d'une source pure, des services publics, vint en Europe la noblesse héréditaire, dont l'institution fut ensuite une des principales causes de la servitude des peuples et de la dégénération des hommes.

La naissance du christianisme avait préparé cette fatale révolution dans les opinions et les mœurs : en abrutissant les hommes il avait facilité le pouvoir absolu des princes et la domination des nobles, qu'il consacra toujours depuis par ses maximes. L'austérité de ses dogmes tout spirituels et son esprit d'isolement et d'intolérance donnèrent plus d'énergie à la férocité des caractères. (1)

L'usurpation de grands et de nobles toujours armés assura leur domination, et fit naître le gouvernement féodal, gouvernement monstrueux. La féodalité mit plusieurs Etats dans l'Etat, l'affaiblit, et arrêta toute civilisation.

---

(1) Comme ces animaux sauvages dont rien ne peut adoucir le naturel féroce, le catholicisme, essentiellement oppressif et vindicatif, fut toujours l'ennemi de ce qui ne fut pas lui, et se persécuta et se déchira lui-même.

Les conseils des princes remplacèrent les anciennes assemblées publiques, et les nobles, admis seuls désormais dans ces conseils, gouvernèrent les Etats ainsi démembrés. Les habitans passèrent également au pouvoir humiliant des prêtres. Depuis l'abolition des anciens cultes ces derniers formaient un autre ordre politique, ayant son crédit, ses richesses et ses honneurs, sa prépondérance dans les conseils des princes, son droit à l'administration des affaires, et cet esprit particulier de prétendre tout diriger selon ses vues, et de vouloir tout rapporter à ses intérêts.

Dès lors plus de franchises nationales, de notions de justice et d'ordre public pour des peuples à la discrétion d'une noblesse héréditaire, indépendante et sans frein, et asservis par des prêtres puissans, tracassiers et dominateurs ; plus de gouvernement et de règles protectrices des personnes et des biens, et n'y ayant ni propriétés ni sûreté individuelles, plus d'industrie dans les villes et les campagnes. Les guerres mêmes ne furent que des guerres de rapines.

Dans cet état violent et incertain les Français recouvrèrent le droit imprescriptible et inaliénable de sanctionner les lois et de consentir les impôts, (1) liberté première qu'ils avaient perdue par succession de tems, et dont les nobles et les prêtres jouissaient seuls depuis qu'ils formaient les seuls ordres de l'Etat. Ils étendirent leurs conquêtes à la mer du nord, en Allemagne et en Italie, et en incorporèrent les peuples à leur empire. (2)

Ce changement chez un peuple brave, actif, entreprenant, bon et communicatif, eût imprimé une impulsion salutaire aux esprits; mais l'existence d'une noblesse héréditaire et puissante, le pouvoir de prêtres riches et influens, la barbarie de l'Europe en arrêtèrent les effets, et s'opposèrent à la civilisation. La division de l'empire et le partage de l'autorité (3) laissèrent la France sous la domination des nobles et des prêtres, et l'Europe languir dans son oppression.

Des règnes faibles et désastreux, l'audace des nobles, la domination de plusieurs, la plus insupportable de toutes, la puissance

---

(1) Au tems de Charlemagne, prince supérieur à son siècle, et cruel envers les vaincus et les siens.

(2) La Suisse, la Hollande, l'Italie, la Bavière, la Souabe, le Wittemberg, la Franconie et la Saxe.

(3) Entre les enfans de Charlemagne.

temporelle des papes et le pouvoir des prêtres, l'ignorance la plus grossière et la superstition la plus dégradante dans les peuples et leurs oppresseurs, l'absence de lois positives, et les Etats dans leur intérieur et les nations dans leur politique, gouvernés par des abus et des usurpations, par la violence et la mauvaise foi, furent les funestes effets du catholicisme et de l'hérédité dans la noblesse.

Les Francs, conquérans des braves Gaulois qui les premiers avaient secoué un joug qui pesait sur l'Univers, ne furent plus cette nation belliqueuse, libre et indépendante qui avait jeté les fondemens d'un empire, faible dans son origine, et successivement agrandi par les conquêtes. La France, déchirée dans son intérieur par ses nobles continuellement en guerre et possesseurs avec ses prêtres de son territoire, souffrit tous les maux d'un gouvernement opprimé lui-même.

Dans cet excès d'avilissement et d'oppression les vaincus et les vainqueurs perdirent leur caractère primitif d'indépendance avec le souvenir de leurs anciennes libertés. Les personnes et les biens restèrent en la possession de nobles et de prêtres qui, ne réconnaissant d'autre droit que la violence, l'exercèrent entre eux et contre les peuples avec toute la hardiesse de l'impunité qui tient de l'esprit de domination dans les tems de barbarie.

La superstition et le fanatisme ajoutèrent à ces maux. Rome dégénérée domina par la religion : des maximes intolérantes lui asservirent les peuples et les princes, armèrent à sa voix les citoyens contre l'autorité. Ces maximes et un zèle religieux de conquêtes firent entreprendre les expéditions insensées des croisades, qui accrurent la puissance des papes et les biens ecclésiastiques, et donnèrent une autre direction à l'esprit d'envahissement des princes et des peuples. Pendant près de deux siècles l'Europe vit ses peuples fondre par essaims sur l'Asie, et perdit, sans avantages pour sa police intérieure, ses meilleurs capitaines avec l'élite de sa population, tandis que des guerres d'envahissement audehors et de rapines dans l'intérieur, suscitées par l'ambition cupide des nobles ou le crédit des prêtres, en consumaient inutilement les restes.

Vers ces tems une nouvelle religion, le mahométisme, fondée par le fanatisme de conquêtes de ses sectaires, tout à la fois guerriers et dévots, donna naissance à un vaste empire, qui fut depuis la terreur des princes chrétiens. Cette religion s'étendit dans tout l'orient. (1) Les persécutions de ses novateurs firent refluer dans l'occident les connaissances et les arts, où ils apparurent pour la première fois. Les peuples du monde alors connu furent partagés en deux religions ennemies et également persécutrices.

Dans l'épuisement général où tant de maux jetèrent l'Europe les vexations et la tyrannie des gouverneurs de la Suisse la détachèrent de la domination des princes d'Autriche. Le peu de sûreté publique engagea quelques villes maritimes du midi et du nord de l'Europe à se rendre indépendantes ou à s'allier, (2) pour assurer leur navigation commerciale, que les premières elles formaient parmi les nations. (3) L'excès du pouvoir des

---

(1) Dans le midi de l'Europe, en Asie et en Afrique.

(2) Venise, Gênes, Pise, Hambourg, Lubeck, Bremen, Anvers.

(3) Sur la Méditerranée et dans la mer Baltique. L'Océan n'était pas encore fréquenté ; la navigation se bornait aux côtes et aux voyages de peu de cours.

nobles força quelques princes à affranchir des communes, (1) pour les opposer aux nobles et aux évêques, ou pour prévenir des révoltes et des démembremens. L'abus même de l'autorité leur fit accorder ensuite des priviléges qui pussent garantir leurs franchises, et rédiger des usages locaux en coutumes particulières, qui devinrent des lois municipales. Ces priviléges et ces coutumes mirent un peu plus de stabilité dans la sûreté des personnes et des biens des habitans, tout en laissant une grande confusion dans les provinces, toujours comme étrangères les unes aux autres et sans lien politique.

Les connaissances et les arts apportés par les Croisés et les Grecs persécutés changèrent aussi les mœurs, et les adoucirent. Les princes parvinrent à élever leur autorité sur celle des grands ; le pouvoir se fixa dans les mêmes familles, et prit plus de consistance ; la milice des princes remplaça les prestations volontaires de secours de la noblesse, qui perdit le droit de battre monnaie, de lever à son gré des hommes de guerre, et de former des

____

(1) En France, en Angleterre.

alliances politiques. Leurs tribunaux furent substitués à ceux des nobles et des évêques, qui ne rendirent plus seuls la justice aux peuples qu'ils s'étaient partagés, mais que la propriété et l'affranchissement appelaient à l'industrie et au sentiment de leurs droits.

Ces premiers retours à l'ordre public, et une inquiétude générale qui en fut la suite, préparèrent les peuples aux événemens du quinzième siècle. (1)

Soumise à la domination de ses rois, et en partie affranchie du pouvoir de ses nobles, la France était passée sous le despotisme des cours. L'Angleterre, moins industrieuse et moins éclairée que la France, et de tout tems ensanglantée par des partis, avait conservé

____

(1) Quelques historiens peu judicieux ont voulu faire honneur au christianisme du retour des lumières et de la civilisation en Europe ; mais il faut avoir une bien grande envie de louer cette religion pour contredire les faits qui déposent en foule, et donner pour cause de l'abolition successive de la barbarie ce qui même en prolongea les maux pendant dix siècles. Il fallut ensuite tous les efforts de trois siècles, et même la division dans le christianisme, pour que les peuples commençassent à s'affranchir du joug religieux, et à avoir le senti- ment de leurs droits.

cet esprit d'agitation qui conduisit ses farouches et durs habitans à l'indépendance individuelle, et non à la liberté sociale : ces deux peuples étaient ennemis. L'Allemagne, long-tems troublée par les querelles de ses empereurs et des évêques de Rome, était plus tranquille depuis qu'elle avait régularisé le régime féodal dans ses Etats princiers. L'Espagne venait de reconquérir ses provinces sur les Maures, (1) et était toute entière au sentiment de ses conquêtes sur elle-même. Le Portugal, mieux gouverné et plus actif, avait essayé le commerce et la navigation. Quelques villes maritimes et intérieures étaient liées par un pacte fédéral reconnu par la politique des princes. L'Italie était partagée en petits Etats rivaux, administrés en républiques ou régis par des princes, et tous forts de la faiblesse des pays qui les avoisinaient. La Suède et le Danemarck, toujours opprimés par leurs nobles et leurs prêtres, étaient moins avancés que les autres peuples dans leur police. La Turquie languissait dans l'inertie et l'abrutissement de

______

(1) Peuples d'Afrique qui s'y étaient établis depuis près de huit cents ans.

l'esclavage politique et religieux. La Russie, confinée aux extrémités presque inhabitables du nord de l'Europe, n'était pas connue.

Guttemberg imagina l'imprimerie ; Christophe Colomb pressentit un autre monde à l'ouest de l'Europe, et un heureux instinct, le guidant à travers des mers inconnues, lui découvrit une terre qu'il avait devinée ; (1) Vasco de Gama, navigateur non moins hardi et entreprenant, montra une route nouvelle par l'Océan aux côtes méridionales de l'Asie. (2) La conception du premier, le desir des deux autres de s'assurer de ce qu'ils soupçonnaient devoir être eurent pendant trois siècles une influence décisive sur la civilisation, l'industrie, le commerce, la navigation, les richesses, les moeurs, la police, les opinions, les relations et les destinées des peuples. Les heureuses découvertes de ces trois bienfaiteurs de l'humanité changèrent la face de l'Europe, et la révolution fut lente et progressive comme tout ce qui est l'effet des découvertes de l'esprit.

___

(1) L'Amérique, dont la découverte est due à celle de la boussole.

(2) Par la pointe du sud de l'Afrique.

L'Europe depuis dix siècles était dans la barbarie sans pouvoir y espérer un terme : les efforts continus de la raison dans les hommes donnèrent aux peuples cette tendance naturelle dc chercher un mieux dans l'ordre social.

Une émulation commune agita les peuples. Ceux du midi s'emparèrent les premiers de l'imprimerie, et firent passer ou cherchèrent à imiter dans leur langue, qu'ils formèrent, les écrits de l'antiquité qu'on put découvrir, et qu'avaient apportés dans leur émigration les descendans dégénérés de la Grèce. (1) Les nations suivirent successivement cet exemple. Dans tous les pays les langues nationales remplacèrent par suite le latin dans les usages ordinaires de la vie. (2)

---

(1) La France eut aussi ses écrivains nationaux, qui cherchèrent également à imiter les anciens dans une langue qui tenait alors de son mélange avec le latin, dont ils conservèrent les tours et souvent les expressions, ce qui la rendit d'abord pleine d'affectation, d'obscurité et d'inversions, si contraires à la méthode, à la simplicité et à la clarté naturelles de cette langue.

(2) Le latin ne fut plus que la langue des médecins, des érudits et des prêtres, et la base de l'instruction dans les écoles. En France il fut proscrit dans les

Les arts connus des anciens reparurent en Europe, et on commença à avoir une première idée des sciences. L'accueil fait à ceux qui les cultivaient, la fondation d'écoles publiques pour l'enseignement des connaissances connues alors, la facilité de s'instruire par la multiplication des livres perfectionnèrent peu à peu les langues, que les progrès de l'industrie et les communications enrichirent d'une foule de mots pour rendre les idées nouvelles, et donnèrent plus de goût pour leur étude. Les peuples sentirent le besoin de la civilisation et des lois.

Les premiers biens de cette effervescence générale furent de donner aux peuples cette confiance qui n'est que le sentiment des forces et des droits primitifs des sociétés contre l'abus du pouvoir.

L'imprimerie fut pour la civilisation une découverte immense, le premier effort qui retira l'Europe de sa léthargie : par elle

---

jugemens et les actes publics, police sage et politique, car rien de plus inconvenant que de faire parler les lois, l'autorité et les inscriptions, choses usuelles, une langue autre que celle du peuple, pour lequel ces choses existent.

l'aurore des sciences brilla pour les peuples.
L'imprimerie affranchit les hommes, et civilisa
les nations ; elle rendit aux lois leur autorité.

Les peuples commencèrent à s'instruire ,
et forcèrent insensiblement les princes et les
nobles à respecter leurs droits. En s'éclairant
les nations devinrent peu à peu actives et
industrieuses. Les rois , plus indépendans des
grands , auxquels ils purent opposer les communes , les abaissèrent ; quelques - uns es-
sayèrent de limiter le pouvoir humiliant des
prêtres. On chercha à soumettre les nobles
aux lois communes des Etats , et à organiser
la magistrature.

Dès qu'on apprit aussi en Europe qu'un
nouveau monde était découvert , et qu'une
route nouvelle conduisait plus promptement
en Asie et sur les côtes de l'Afrique , les
esprits se tournèrent vers ces régions inconnues. L'humeur inquiète et turbulente qu'a-
vaient entretenue des guerres continuelles ,
intestines et étrangères, favorisa un essor que
fomentait encore l'invention récente de l'imprimerie. Des hommes ardens et audacieux
coururent chercher des dangers que la hardiesse des entreprises rendait plus glorieux.

Les chefs des Etats maritimes, toujours avides de possessions et de puissance, qu'il leur fallait quelquefois acheter en Europe de la perte de leurs provinces et même de leur autorité, saisirent avec empressement ce nouveau moyen d'accroître leur crédit et leur prépondérance.

La découverte de l'Amérique et du Cap de Bonne-Espérance, en appelant la cupidité des peuples vers ces pays inconnus, créa la navigation et le commerce, excita l'industrie et donna un autre cours à l'ambition des princes en lui ouvrant une nouvelle carrière.

Les croisades avaient donné le goût des expéditions lointaines, et il en était résulté quelques lumières pour l'Europe; mais le motif qui les avait fait entreprendre n'avait pu être utile à l'humanité : les religions seront toujours un moyen stérile pour l'avancement de la police des peuples.

L'Espagne jouissait en Europe d'une grande prépondérance par la valeur de ses armées et l'activité de l'ambition turbulente de ses princes : (1) maîtresse de son territoire, elle

____

(1) Elle avait une infanterie toujours subsistante,

2

dominait l'Allemagne et troublait la France à son gré ; l'Italie lui était en partie soumise par des princes de sa maison ; ce fut dans ces tems de sa plus grande gloire qu'elle envahit la plus grande partie des deux continens et des nombreuses îles du nouveau monde avec autant de rapidité que de surprise dans la conquête.

Les Portugais, (1) rencontrant les Espagnols dans l'Amérique méridionale, s'emparèrent d'une partie de leurs conquêtes : la haine que se portaient ces deux peuples les suivit sur ces rivages étrangers.

La France et l'Angleterre imitèrent la hardiesse des entreprises de ces deux peuples maritimes. Les Hollandais furent attaquer l'Espagne dans ses possessions coloniales, tandis qu'ils la combattaient en Europe pour se détacher de sa domination.

Ces Etats maritimes cherchèrent à assurer

---

et cette infanterie était excellente parce qu'elle s'était formée par des guerres continuelles.

(1) Dont un des habitans, Vasco de Gama, avait découvert la pointe méridionale de l'Afrique dans le tems que le génois Christophe Colomb découvrit l'Amérique sous les auspices de l'Espagne.

leur puissance métropolitaine par leurs possessions d'outre-mer. Ils levèrent des hommes
de guerre, et ils équipèrent des flottes pour
aller en leur nom conquérir et défendre des
pays où le hasard seul dirigea les premiers
envahissemens, et dont le plus souvent ils
ignoraient la position et le nom, mais dont
les relations des premiers voyageurs avaient
exagéré les richesses et les mines. La soif
de l'or les y appela ; l'ambition et la cupidité
y firent braver tous les dangers. On s'empressa à l'envi d'y faire passer des forces
et de s'y établir des premiers, comme si la
terre y eût été vacante et de droit au premier
occupant, ou si l'excès de la population des
provinces forçait à la faire refluer audehors.

Cet esprit dirigea dans les excursions et
les envahissemens. L'Europe, barbare encore
mais plus aguerrie, subjugua facilement des
peuples disséminés, qui ne purent opposer
que leur nombre sans union et leur infériorité
dans l'art de combattre au fanatisme de cupidité et de conquêtes des Européens. (1)

---

(1) L'art de la guerre et la discipline des Européens
leur donnèrent de grands avantages sur les peuples et
les peuplades dispersés et rivaux du nouveau monde,

Leur avidité dévastatrice, excitée par le fanatisme religieux, fut au-delà de ce que l'imagination pourrait se former; il n'est point de crimes que le catholicisme ne fît commettre pour assouvir la cupidité. La religion chrétienne porta ses fureurs dans le nouveau monde, et le dévasta, comme elle avait ensanglanté le continent où elle avait pris naissance; fléau qui porta ses ravages sur tous les peuples.

Les Européens dépossédèrent d'antiques habitans d'une terre qu'ils avaient toujours habitée, en soumirent les restes par le fer, les dévastations, les assassinats et les supplices. (1) Un très petit nombre échappé à

____

étonnés de l'arrivée subite de leurs guerriers à travers les mers, effrayés de leur manière de combattre, et surtout de leur cavalerie et de leurs armes à feu, qui leur étaient inconnues.

(1) L'Espagne y détruisit deux grands empires, le Mexique et le Pérou, dont elle massacra sans pitié les indigènes. L'Espagne aura toujours à se reprocher d'avoir donné l'exemple odieux de détruire pour établir sa domination; d'avoir versé plus de sang qu'il n'importait pour consolider son usurpation; d'avoir la première enlevé à l'Afrique ses habitans, et de les avoir réduits à l'esclavage pour arracher son or à

leur tyrannie cupide ou périt dans les travaux des mines, ou se réfugia dans les forêts
ou sur des montagnes inaccessibles et incultes.
Presque tout le nouveau monde surpris passa
sous la domination de quelques puissances
maritimes de l'Europe. Pour lui ravir son or
elles en firent disparaître les indigènes, et
allèrent ensuite arracher ses habitans à l'A-
frique pour cultiver des contrées dont elles
avaient détruit les nationaux ; commerce
barbare, principe de l'esclavage connu des
nations européennes, dont l'humanité eut à
gémir pendant plus de trois siècles, et qui
furent des crimes ajoutés à celui de la dévastation. (1)

Méconnaissant encore que les véritables
richesses des États sont la culture des terres,
le perfectionnement de l'industrie et la consommation intérieure, seules mines inépui-
sables de la richesse et de la prospérité des

---

l'Amérique, repeupler et cultiver des pays qu'elle avait
rendus déserts ; trafic horrible que l'usage des autres
nations consacra depuis.

(1) Les relations portent à plus de quinze millions
d'habitans la perte de la population américaine par
les massacres des Européens.

nations, chaque puissance conquérante mesura la grandeur et l'importance de ses envahissemens sur l'étendue et la fécondité des mines des pays qu'elle dévastait.

Comme un seul désir avait animé toutes ces puissances, celui de s'emparer de l'or de l'Amérique, regardé alors comme véritable richesse et principe de force et de prospérité, la division se mit entre les peuples conquérans : l'Espagne, le Portugal, la France, l'Angleterre et la Hollande, plus ou moins mécontens des possessions coloniales où le hasard avait dirigé d'abord leur cupidité et leurs conquêtes, s'y firent continuellement la guerre pour s'assurer leurs possessions, ou pour s'emparer de celles déjà envahies ou découvertes. Des pays à peine connus, séparés de leurs métropoles par l'Océan, furent la cause ou le prétexte des guerres continentales et maritimes en Europe.

La France, l'Angleterre et la Hollande, une fois possesseurs, sinon tranquilles, du moins assurés en partie de leurs envahissemens, l'Amérique devint, par les soins de ces Etats actifs et rivaux, la cause de nouvelles richesses et d'une nouvelle industrie pour l'Europe , (1) sans que ces établissemens d'outre-mer pussent jamais balancer pour leurs métropoles leur perte annuelle dans leur population , et celle de leurs capitaux pour leur culture et leur industrie intérieures , dont les progrès ne furent pas pour cette cause aussi rapides que la révolution qui s'opérait dans le système social devait le faire espérer.

Le Portugal et l'Espagne les imitèrent en partie dès qu'ils purent jouir assez paisi-

---

(1) Les Français, les Anglais et les Hollandais y portèrent leur culture, leur industrie et leurs arts, dédommagement tardif, mais juste, des maux faits au nouveau monde. On cultiva des terres, on abattit des forêts, on construisit des villes, on creusa des ports, on dessécha des marais, on perça des routes, on éleva des animaux utiles du pays, on transporta d'Europe des plantes, des graines, des animaux domestiques. Ces peuples avaient heureusement senti que leurs richesses ne consistaient pas toutes dans leurs mines, mais dans la culture des plantes indigènes. L'active industrie des Européens, plus éclairés par leurs fautes et les bienfaits journaliers de l'imprimerie, instruits par l'exemple de leur commerce en Asie et en Afrique, sut multiplier les produits et enrichir le nouveau monde de ceux de l'ancien continent par le commerce d'échange.

blement de leurs colonies par un long-tems, établissant dans leur politique leur droit de propriété, et par des traités qui confirmaient ce droit en partie.

Si on ne cessa de fouiller les mines pour en retirer l'or et l'argent, les deux mondes s'enrichirent du moins d'une culture, d'animaux et de produits qui leur étaient inconnus. Le commerce d'échange devint le fondement des relations entre les Etats, et fut le principe de celui qui se fit depuis.

La découverte de l'Amérique, l'abondance de ses mines, la facilité de la conquête avaient fait négliger à la France et à l'Angleterre de fréquenter les côtes d'Afrique et les nombreuses îles de la mer du sud, où les Portugais, qui les découvrirent, et les Hollandais s'étaient établis les premiers. La même avidité de possessions coloniales et de nouvelles richesses y appela les Français et les Anglais : ils y naviguèrent, s'y établirent, et ajoutèrent le commerce qu'ils y fondèrent à celui qu'ils faisaient déjà.

Jusque là quelques objets grossièrement manufacturés, quelques produits territoriaux échangés contre de l'or et de l'argent ou d'autres marchandises, avaient été tout le commerce qui , trop gêné d'ailleurs , osait à peine se hasarder au-delà des peuples frontières des provinces. Jusque là les guerres avaient été des guerres domestiques, encore rarement interrompues par des traités , trèves partielles imposées à l'ambition et à l'esprit de rapine des nobles par la lassitude de leurs efforts contre leurs moyens et leurs forces.

La navigation et le commerce rapprochèrent les nations, créèrent entre elles des intérêts politiques et des rapports commerciaux, tournèrent vers la culture, l'industrie, les sciences, et les arts leur activité inutilement consommée jusqu'alors dans leurs guerres intestines.

L'Europe venait de recevoir une grande impulsion de l'invention de l'imprimerie et de la découverte d'un nouveau monde et des mers asiatiques. Ce fut un bien pour l'humanité que ces découvertes fussent des mêmes tems ; l'essor de l'esprit en fut plus rapide et plus sûr.

Les avantages de cette utile révolution furent pour les peuples d'être comptés pour quelque chose dans l'ordre politique , et une amélioration dans leur système social ; pour les princes plus de sûreté dans la pos-

session de leur autorité et de leur territoire,
de continuité dans les combinaisons politiques, et de constance dans le maintien de
l'ordre qui s'établissait. Le pouvoir fut moins
accablant, et la tranquillité intérieure plus
assurée; il y eut plus de fixité dans la propriété, et de communication entre les hommes
et les peuples; la population s'accrut avec
plus d'aisance dans la vie, et de sûreté dans
les personnes et les biens; les mœurs s'adoucirent. Des besoins nouveaux excitèrent l'industrie. En augmentant les connaissances avec
les échanges, le commerce unit les nations ;
il ôta peu à peu l'humeur dévastatrice des
peuples et des princes en leur donnant de
nouveaux besoins, en satisfaisant en partie
la cupidité des richesses. Les peuples s'éclai-
rèrent et commencèrent à sentir qu'ils avaient
besoin les uns des autres pour leur conservation et leurs échanges : sans se regarder
encore comme les membres nécessaires d'une
d'une grande famille, ils aperçurent qu'il éxis-
tait des rapports naturels qui les unissaient;
que, si chaque nation avait ses besoins et ses
avantages propres qu'elle retirait de son sol
et de son industrie, il fallait aussi se commu-
niquer pour l'intérêt commun, pour satisfaire

par le commerce à leurs besoins réels ou d'opinion, et pour consommer audehors des produits qui sans cette consommation pouvaient rester nuls pour elle.

Dans cette effervescence générale l'administration reçut des améliorations sensibles; un certain ordre s'établit dans la partie importante du pouvoir public, l'action de la société sur les personnes et sur les choses étant mieux appréciée. Les terres furent mieux cultivées, et l'agriculture s'appropria des animaux étrangers et des plantes exotiques. On commença à calculer les forces, les ressources et la puissance des Etats par leur étendue, leur population et leurs produits. On fit quelques travaux publics utiles; on établit les postes, et la police des villes fut mieux entendue, la surveillance publique plus favorable aux habitans. Les hommes, ayant enfin une patrie, devinrent citoyens, et les peuples eurent un esprit général d'intérêts personnels.

Ces grands changemens dans l'ordre social des peuples ne furent pas seuls; on vit s'élever des monumens que les arts créèrent et décorèrent avec une entente et une perfection qui ne furent point égalées depuis. L'instruction devint le partage d'un plus grand nombre, et par leurs recherches et leurs efforts des esprits supérieurs signalèrent des erreurs, détruisirent des préjugés, énoncèrent des vérités utiles, et les premiers firent entrevoir les sciences. Bacon traça le tableau des connaissances humaines, esquissa les sciences qui illustrèrent les tems suivans, et resta sans émule par l'étendue, la sagesse et la profondeur de son génie ; Descartes ouvrit la route au doute philosophique, et ses erreurs en physique servirent aux sciences naturelles ; Leibnitz, moins audacieux mais plus sage, consulta mieux la nature physique et morale ; Hobbes allia le premier la philosophie à la science politique, où Grotius et Puffendorf découvrirent quelques vérités. Sully porta dans l'administration l'esprit d'ordre et d'économie, la probité, la bonne foi, la candeur et cette inflexibilité d'honneur et de franchise qui tenaient à son caractère. (1) Les conceptions de l'esprit ser-

---

(1) L'administration dut ensuite beaucoup à Colbert, ministre plein de zèle, mais moins homme d'Etat et d'un génie moins étendu que Sully. Sully, naturellement austère et indépendant, alla plus fran-

virent la civilisation et la politique, et préparèrent insensiblement cette étonnante révolution qui allait être comme le dernier terme
des efforts de la raison.

Des avantages plus généraux encore, et
sans lesquels ceux obtenus auraient pu se
perdre, marquèrent aussi cette grande pé-

---

chement au bien public : Colbert sacrifia trop souvent
à la vanité du prince et à l'éclat de son règne. Les
hommes et l'Etat furent le principal chez Sully : ils
ne furent que l'accessoire pour Colbert. Le premier
ne regarda le prince que comme un moyen de servir
les peuples : le second vit les peuples comme un moyen
de servir à la renommée du prince. Préférant l'utile
à une prospérité sans fondement, Sully considéra
l'agriculture comme le principe de l'industrie et du
commerce, et l'industrie utile plus que l'industrie
d'opinion. Colbert, souvent ébloui par une fausse gloire,
donna trop exclusivement à l'industrie d'opinion, qui
jetait de l'éclat sur son administration. Sully eut
l'ame grande et élevée ; inaccessible aux petites passions, supérieur au pouvoir et au crédit de sa place,
il fut l'ami de son prince en étant son ministre. Colbert, souple et courtisan, fut tout dans le prince, son
idôle. Différens comme les tems où ils furent, comme
les princes dont ils étaient les ministres, ils servirent
leur pays par des voies qui tenaient autant à la différence
de leur caractère qu'aux circonstances dans lesquelles
ils se trouvèrent.

riode de trois siècles. Les excès, la domination et les richesses des prêtres catholiques furent analysés, ce qui donna aux uns du refroidissement pour la religion dominante, affaiblit dans l'esprit des autres, avec l'empire des opinions religieuses, le pouvoir qui y est attaché, jeta la division dans un grand nombre. et porta quelques caractères ardens à en profiter, pour servir leur ambition ou leur politique. (1)

Cette scission dans les opinions religieuses dominantes, quoique la cause ou le prétexte de longues guerres, intestines ou étrangères, quoique le motif de grandes haines et de grandes erreurs parmi les peuples, servit à affaiblir l'influence des croyances religieuses, toujours dangereuse par le pouvoir discrétionnaire des prêtres sur des hommes ignorans et dévots.

Des principes universels de tolérance eussent

---

(1) Le protestantisme prit naissance en Allemagne : il y favorisa les vues de quelques princes pour former des prétentions politiques, et se soustraire le plus possible aux lois du corps germanique. La Suède, Genève, la Hollande, l'Angleterre, le Danemarck et une partie de la Suisse l'adoptèrent, fatigués des prétentions insupportables des papes et de la domination des prêtres catholiques.

rapproché les hommes ; mais la superstition dans les peuples, et le fanatisme dans les prêtres en arrêtèrent les bienfaits. (2) On sonda les cœurs, on gêna les consciences, on persécuta des citoyens, parce que, dans une chose purement personnelle, la croyance, ils voulurent suivre à la manière qu'ils adoptaient une religion qu'avaient défigurée leurs riches et puissans persécuteurs. La persécution augmenta le nombre des sectaires. Dès que leurs forces et leurs moyens purent contrebalancer à peu près ceux des catholiques, une guerre longue et sanglante s'alluma entre les deux partis. On s'injuria, on se battit pour des opinions qui ne pouvaient jamais être d'aucune utilité à la prospérité des Etats, et qu'on eût dédaignées des deux côtés s'il n'était de la faiblesse humaine de sacrifier à l'amour-propre. Le sang coula pour des opinions qu'on défendit avec opiniâtreté et un zèle qui tenait de la fureur. Ce qu'on n'eût pas fait pour la vérité, on n'eût pas honte de le faire pour des erreurs, et on s'entre-déchira comme des insensés. Chaque effort qu'on fit ajouta au mal

---

(1) En France, en Italie, en Espagne et en Portugal.

présent qui en résulta , et fut un bien pour l'avenir. (1)

Ces haines entre les citoyens et les peuples troublèrent la tranquillité de l'Europe pendant plus d'un siècle, et furent plutôt assoupies que détruites. Les guerres politiques qui

---

(1) Les effets de ces dissensions religieuses furent en raison du caractère des peuples. Les habitans du nord, plus indépendans par caractère, et plus jaloux de leur liberté personnelle que ceux du midi, dont l'imagination plus ardente était plus propre aux idées surnaturelles du catholicisme, adoptèrent la réforme. La France participait aux avantages du nord et du midi sans en avoir l'esprit exclusif; mais, ardente à entreprendre et facile à se rebuter, soumise au pouvoir absolu de ses princes, le protestantisme, tour à tour toléré, souffert, persécuté, y fut proscrit. L'esprit d'inquiétude, si naturel aux Anglais, y occasiónna une révolution politique dont les libertés de l'église anglicane furent le motif, et cette révolution fut le principe de sa grandeur future. L'Espagne, le Portugal et l'Italie, asservis à leurs prètres , et dégénérés , restèrent catholiques, et servirent aux fureurs du fanatisme. Les pays protestans se firent remarquer par plus de régularité dans les mœurs des ministres de leur culte, plus de respect pour la liberté civile du citoyen, et des règlemens plus sages : l'esprit de tolérance y appela les amis de l'ordre et de la liberté

en résultèrent entre les nations amenèrent un changement dans leur système de poli-tique extérieure, (1) dû à la lassitude géné-rale, non au principe bienfaisant de la to-lérance.

Dans cet effort continu pour un mieux dans le système social les peuples conçurent l'es-poir de s'affranchir entièrement de l'oppres-sion politique dont ils commençaient à rougir. Dans cette lutte mémorable de la raison contre la barbarie des premiers tems une inquiétude générale se fit sentir.

Le bien qui résulta pour l'humanité de ces heureux changemens dans les mœurs, les opinions et la police des peuples, fut sou-vent contrebalancé par l'abus que les pas-

---

de conscience, qui y portèrent leurs lumières, leur industrie et leurs biens. L'Espagne, le Portugal et l'Italie n'eurent plus que leur servitude politique et religieuse, leur superstition et leur fanatisme, l'into-lérance et les mœurs dissolues de leurs nombreux prêtres catholiques.

(1) Après une guerre de trente ans, terminée par le traité de Westphalie, qui fut le premier acte de confédération entre les peuples d'Europe, et alors le fondement du système politique européen.

sions firent des avantages qui le procuraient : la situation des esprits en fut la cause. Plus l'oppression et l'ignorance, dans lesquelles les peuples avaient été retenus, furent grandes , plus l'autorité des princes avait été précaire , incertaine et circonscrite par l'indépendance des nobles , plus les efforts des uns et des autres pour s'en affranchir furent violens.

L'imprimerie avait amené l'étude et le goût des lettres et des arts , jeté quelques lumières parmi les hommes ; mais les princes , les corps et les prêtres se servirent de l'imprimerie pour retenir les peuples dans la servitude et l'ignorance , et affermir leurs usurpations et leurs intérêts.

La découverte de l'Amérique et du Cap de Bonne - Espérance avait créé la navigation et le commerce maritime, et par suite porté à l'agriculture, à l'industrie et au négoce, qui en sont les alimens ; mais le commerce qu'on fit dans ces nouvelles contrées, la cupidité des possessions coloniales et la prépondérance qui naît des richesses , en donnant une autre direction à la politique des princes , étaient devenus la cause de guerres maritimes et de nouvelles querelles pour le continent.

L'affranchissement successif des communes et l'obtention de quelques priviléges qui assurèrent leurs droits , la propriété et l'exercice de l'industrie étant des concessions dues à la sûreté personnelle des princes, et non un retour aux principes éternels de l'équité et de l'ordre social , la remise des franchises nationales ne fut pas pleine et entière.

Depuis l'abaissement d'une noblesse remuante, tracassière et toujours armée les peuples furent quelque chose dans l'ordre social, mais ils partagèrent la servitude politique de la noblesse.

La scission dans les opinions religieuses avait affaibli l'empire de la religion chrétienne, et miné la puissance des prêtres catholiques : elle devait conduire à la tolérance ; mais pendant plus d'un siècle elle ensanglanta l'Europe par des guerres de religion, les plus insensées des guerres, et causa des déchiremens dans l'intérieur des Etats ; dans les pays restés catholiques elle rendit le despotisme plus oppressif et soupçonneux, la servitude plus grande.

Le commerce avait adouci les mœurs ; il

était devenu un lien des nations : en portant avec les produits les lumières d'une région dans une autre, en augmentant les connaissances avec les échanges, il avait quelquefois remédié aux maux inséparables de la guerre ; mais le commerce maritime et tous les besoins factices qu'il traîne à sa suite comme un aliment à son insatiabilité apprirent trop souvent à ne rien respecter, tout en multipliant les aisances avec les richesses.

Les nations se communiquèrent, mais elles ne furent pas assez convaincues que la paix est le premier besoin des peuples, et la guerre un état forcé, même quand elle est nécessaire.

L'Europe avança lentement vers la civilisation, perdant souvent d'un côté ce qu'elle gagnait de l'autre. Les passions firent trouver le mal dans le bien même qui devait résulter des lumières, de la police et des mœurs nouvelles.

A ces tems d'agitation et d'effervescence, dans lesquels furent des ames fortes et énergiques, seules capables de grandes entreprises et de grandes actions, succéda un autre ordre dû à la politique des princes, à plus de sûreté dans le pouvoir et à plus de fixité dans le territoire reconnu.

Les quinzième et seizième siècles avaient été le siècle des arts, des grandes découvertes, des grandes conceptions de l'esprit et de grandes erreurs. Les hommes, les évènemens et les choses avaient eu un caractère de grandeur réelle, qui élève l'ame tout en en imposant à l'imagination. Des ames mâles et fortes avaient exercé leur influence sur leurs tems, lui avaient donné leur empreinte et avaient agrandi l'humanité, même dans les commotions qu'elles excitèrent. Des conceptions hardies et vigoureuses, qui furent autant de créations nouvelles dans les opérations de l'esprit, et que le génie seul peut concevoir lorsqu'il sait s'affranchir des liens de l'imitation et de l'érudition, ne consulter que la nature, source inépuisable de toutes beautés et de toutes vérités physiques et morales, avaient illustré à jamais ces tems.

La noblesse une fois soumise au pouvoir royal, celui-ci réunit tous les pouvoirs disséminés entre les grands. (1) Leur indépen-

---

(1) Richelieu prépara le pouvoir absolu, et Louis XIV,

dance avait entretenu une certaine agitation contraire à l'affermissement du despotisme d'un seul ; mais dans la servitude commune le despotisme d'un seul s'éleva , s'affermit, comprima toutes les classes de l'Etat , et l'asservissement politique des peuples fut une suite de la suggestion de la noblesse. (1)

---

ni homme ni roi, prince le plus plein de fausse gloire , en donna l'exemple funeste au reste de l'Europe. « Ni pacifique , ni guerrier, dit Montes-
« quieu , il avait les formes de la justice, de la poli-
« tique , de la dévotion, et l'air d'un grand roi. Doux
« avec ses domestiques , libéral avec ses courtisans ,
« avide avec ses peuples, inquiet avec ses ennemis,
« despotique dans sa famille, roi dans sa cour, dur
« dans les conseils , enfant dans celui de conscience ;
« dupe de tout ce qui joue le prince, les ministres,
« les femmes et les dévots ; toujours gouvernant et
« toujours gouverné ; malheureux dans ses choix ,
« aimant les sots , souffrant les talens, craignant l'es-
« prit ; aucune force d'esprit dans les succès, de la
« fermeté dans les revers, du courage dans sa mort. »

(1) Si antérieurement la France avait fait quelques efforts pour recouvrer son antique liberté dans ses troubles civils et religieux qui produisirent de ces ames fières dont il n'est pas de peuple qui n'ait donné des exemples, ces momens de crises politiques causées par l'ambition, la rivalité et l'inquiétude de quelques

Nul obstacle ne s'opposa plus à l'exercice du pouvoir absolu, et la liberté des peuples fut reculée. Les nobles ne conservèrent plus l'espoir de troubler les Etats et de se faire craindre sous des princes jaloux à l'excès de leur autorité, soumis les premiers au pouvoir ministériel, ou assez puissans pour se faire respecter. Souvent la grandeur qui les environna, leur magnificence audedans et leurs succès audehors éblouirent et subjuguèrent les peuples. L'éclat des règnes, en flattant la vanité des citoyens, leur empêcha de voir toute l'étendue de l'autorité que les princes exerçaient, et déroba aux princes l'abîme où ils précipitaient les anciennes monarchies.

A l'énergie et à une certaine audace dans les esprits et les conceptions, à la hardiesse

---

grands ou par des motifs de religion, furent nuls pour elle. Ayant une fois perdu le souvenir des droits et des franchises de ses premiers ancêtres, elle passa sous le joug le plus avilissant et le plus odieux, car il pesait sur les consciences, la chose la moins dépendante de l'autorité publique, et elle souffrit les maux du despotisme politique et ceux de l'intolérance. Cette intolérance porta deux cent mille Français, nécessaires à l'Etat par leurs connaissances, leur industrie et leur fortune, à s'expatrier.

dans les entreprises , à la grandeur dans les moyens et à la persévérance dans l'exécution, à la fierté , à la fermeté et 'à l'indépendance dans les caractères , aux mœurs grossières , mais austères et franches , aux guerres de religion, à l'ambition active et entreprenante, au patronage des grands succédèrent la mollesse des caractères , une certaine urbanité, la dissimulation , l'intérêt personnel , l'habitude des cours , des querelles de sectaires, l'intolérance politique et religieuse ; tout prit un caractère uniforme , et les conceptions de l'esprit et les arts se ressentirent de cette monotonie qui les rapetissait. La culture exclusive des lettres , (1) en flattant la vanité des peuples et jetant quelque éclat sur les

----

(1) En France et dans une partie de l'Europe on s'exerça plus à bien écrire qu'à acquérir des connaissances solides. Les langues se perfectionnèrent et se polirent, et la langue française acquit une méthode , une pureté, une grâce et une noblesse qui lui étaient inconnues, mais elle perdit de sa simplicité, de son énergie et de sa franchise : elle commença à se répandre en Europe , où elle fit depuis partie de l'instruction en quelques pays, et elle servit quelquefois à exprimer les conventions dans les traités, préférence qu'elle dut aux écrivains français et à sa clarté.

nations qui y brillèrent , donna aussi aux esprits une certaine langueur qui les détourna de ce qui est grand. (1)

Vers ces tems la Russie apparut à l'Europe étonnée , et fut un poids nouveau dans la balance européenne. (2) La Prusse , se plaçant

---

(1) Ce qui influa sur les langues, et priva la langue française d'une foule de tours et d'expressions, de cette abondance et de cette précision que les sciences pouvaient lui donner, car par elles le domaine de la pensée s'étend avec l'étude si infinie de la nature, au lieu que les choses d'imagination sont bornées dans leur objet, et ne renferment qu'un certain nombre d'idées. Cette littérature fut d'ailleurs toute d'imitation et d'érudition ; point de ces conceptions fortes et originales qui donnent aux productions d'un pays un caractère national, comme celles du seizième siècle.

(2) Son fondateur fit tout ce qui était en lui pour y porter la civilisation, le commerce, les sciences et les arts du reste de l'Europe. Il forma ses peuples grossiers et indisciplinés, et les aguérit par ses défaites et ses victoires ; mais en brusquant son ouvrage il manqua la civilisation de la Russie. La civilisation est le produit lent du tems et des lumières : elle est dans les opinions. Pierre Ier crut changer le caractère de ses peuples, parce qu'il les força de changer subitement leurs habitudes, et les Russes alors, tout à la fois barbares et moitié policés, furent plus loin de

au nombre des Etats, fut un contre-poids dans l'Allemagne.

Avec les tems plus d'instruction dans les hommes força les princes à une sorte de tolérance politique. Une certaine indépendance dans les esprits en fut la conséquence, et par sa tendance naturelle l'intelligence se porta alors à l'étude des sciences, les véritables connaissances. Du goût universel pour les choses d'imagination on passa à l'étude de la nature physique et de la science sociale, avantage dû à plus de maturité dans les esprits ; à la culture des lettres succéda celle des sciences avec l'esprit de systèmes, inséparables d'abord. (1)

la civilisation que les hordes tartares, leurs voisins. La capitale de l'empire, Moscou, était au centre de l'empire ; il fit la faute de la transporter à une extrémité : cette extrémité seule se poliça, et le reste de l'empire resta barbare.

(1) Le dix-septième siècle avait été celui de la littérature ; le dix-huitième fut particulièrement celui des systèmes. Des écrivains, plus audacieux que sages, plus hardis que judicieux, cherchèrent trop souvent dans le système social des choses incompatibles avec les besoins des hommes en société, parce qu'ils voulurent dans l'homme et le gouvernement une perfection

Montesquieu, génie sublime, écrivain énergique, concis et profond, traça le système complet de la science sociale, et fut le législateur des nations et le premier des historiens dans son livre plus profond encore sur les Romains. Moins énergique et plus abondant, esprit vaste, écrivain sans modèle, Buffon peignit l'histoire immense de la nature. Lavoisier, plus sage et plus sagace, interrogea la nature, découvrit et enseigna les lois premières de la formation des corps, et fut le créateur des sciences physiques. Newton démontra les deux principales lois du mouvement des corps célestes et celles de la lumière. Franklin fit connaître l'électricité et la foudre. Des écrivains sages énoncèrent des vérités utiles, et leurs essais et leurs efforts servirent depuis à l'avancement des sciences. L'esprit eut une autre direction, que secondait plus de lumières dans

---

idéale, contraire aux besoins et aux passions mobiles de l'humanité : ils substituèrent ainsi de nouvelles erreurs aux anciennes, et de nouveaux systèmes à ceux déjà connus. D'autres écrivains voulurent donner des lois à la nature physique, et ne virent trop souvent dans les sciences qu'un objet de curiosité.

le pouvoir et dans les sociétés. Tout tendit vers l'affranchissement de la raison et l'entière civilisation des peuples.

On s'occupa des matières de gouvernement et d'administration, de la réforme des lois et des abus; on désira un autre système social. Aux grandes découvertes et aux grandes entreprises des quinzième et seizième siècles, aux lettres, qui dans le dix-septième siècle avaient jeté quelque éclat sur une partie de l'Europe, succéda dans le dix-huitième l'esprit de recherches et d'analyse. La culture des sciences physiques et sociale donna une impulsion nouvelle en France, où un grand nombre avait adopté les raisons qui firent le nord s'affranchir de la prépondérance religieuse du midi. Les Français furent comme préparés pour les changemens que tout présageait.

L'Europe paraissait tranquille. Le premier partage de la Pologne (1) n'avait point troublé son repos, ou plutôt éveillé son indolence; seulement la Russie suivait ses projets sur la Turquie, et lui enlevait la Crimée. Mais l'Angleterre, chargée d'une dette dont

____

(1) En 1772.

l'intérêt annuel consommait en grande partie ses revenus, pouvait à peine suffire à ses dépenses les plus nécessaires : trop vaine d'en avoir imposé à l'Europe dans sa dernière guerre, dont elle était sortie avantageusement pour sa politique, elle voulut que ses provinces d'Amérique reçussent des charges inusitées, et consentissent aux impôts qu'il lui plairait leur imposer : c'était impolitiquement vouloir leur donner un joug auquel elles n'étaient point accoutumées. (1) Les

---

(1) Les provinces anglo-américaines s'étaient remplies successivement d'hommes de différentes contrées, actifs et industrieux, qui avaient fui les persécutions dans leurs pays, ou s'y étaient établis dans l'espoir de la fortune, et qui tous y avaient porté cet esprit d'indépendance que donne naturellement l'émigration dans des pays lointains et nouveaux. Il s'y trouvait une population nombreuse, dont l'industrie enrichissait annuellement l'Angleterre des produits qu'elle exportait de leurs ports et des importations de l'Angleterre, qui y trouvait des débouchés faciles pour ses denrées et ses marchandises. Gouvernées en partie par leurs propres lois, s'imposant elles-mêmes, ayant des milices indigènes entretenues par elles, ces provinces jouissaient de priviléges que l'Angleterre accordait rarement à ses autres colonies. Leur dépen-

Américains se refusèrent à toute taxe non consentie par eux, et qui les eût mis dans la dépendance arbitraire de l'Angleterre, et leur eût enlevé leurs bénéfices. L'Angleterre, qui venait de faire connaître à l'Europe les prétentions de sa puissance maritime, voulut avoir par la force et la crainte ce que depuis dix ans elle ne pouvait obtenir du libre consentement des Américains. Elle mit des entraves à leur commerce, gêna leur navi-

---

dance était dans quelques réserves que s'était faites l'Angleterre, puissance de tout tems la plus jalouse de son commerce, et dans la présence de gouverneurs et de troupes qui y maintenaient l'autorité métropolitaine. Une population de deux millions d'habitans, indigènes, naturalisés et étrangers, était disséminée sur la vaste étendue de ces provinces, dont la situation sur l'Océan avait forcé les colons à se livrer à la navigation et au commerce. Leur économie et leur active industrie avaient formé des bourgs, élevé des villes, creusé des ports, percé des routes et des canaux. Des administrateurs élus par eux régissaient leurs cantons, et leurs cantons avaient des assemblées législatives. Leur police différait de celle des peuples d'Europe par plus de liberté publique et individuelle, une sage tolérance de religions, plus d'aisance dans la vie et de simplicité dans les mœurs.

gation, ordonna la fermeture de leurs ports,
refusa de recevoir leurs vaisseaux dans les
siens ; par un dernier acte de violence elle
envoya des troupes pour soumettre leurs
provinces. Cette conduite souleva les Américains, et la première commotion de cette
étonnante révolution qui devait changer les
destinées de l'univers se fit sentir en Amérique. Quelques provinces firent un pacte fédératif, et leur exemple entraîna les autres. (1)
Comme dans toutes les révolutions il se forma
des hommes de guerre et des chefs pour
les commander. L'orgueil et la cupidité
de l'Angleterre échouèrent contre le noble
refus des Américains de recevoir ses marchandises, et leur résistance à ses efforts.
L'Angleterre fut forcée de reconnaître leur
indépendance, pour n'avoir pas assez respecté un peuple parlant le même langage,
ayant les mêmes lois et les mêmes habitudes, et dont depuis long-tems le sang
de ses premiers fondateurs s'était tari dans
les alliances. Ce nouvel Etat changea la ba-

---

(1) En 1776. Fortifiés des secours de la France, qui
saisit cette occasion de se venger des longs outrages de
l'Angleterre, des entraves qu'elle mettait à son industrie,

lance du commerce. Le reste des deux continens et leurs nombreuses îles restèrent sous
la domination cupide des Européens : leur
possession continua d'être pour leurs métropoles une charge qui pesait sur leur population, la culture de leurs terres, leur industrie
et leur commerce intérieur.

La révolution d'Amérique fut un spectacle
nouveau pour les peuples d'Europe ; mais
sous la dépendance de rois qui disposaient
d'eux arbitrairement, ou sous l'autorité de
magistrats électifs qui avaient usurpé le pouvoir des lois, les peuples l'admirèrent sans
oser espérer un tel avantage politique. Leur
oppression était d'autant plus grande que
l'abattement dans lequel ils languissaient
tenait à leur longue servitude, et était une
suite du défaut de vertus et même de talent
dans ceux qui se trouvaient à la tête des

à sa navigation et à son commerce, les Américains
combattirent pour leur indépendance, reconnue par
l'Angleterre après huit années de guerre, pendant
lesquelles le brave et modeste Waghinton s'était
illustré dans les combats, et le sage et savant Franklin
dans les conseils et les négociations.

affaires. Une certaine habitude conduisait seule leur administration ; et les Etats ne se soutenaient que parce qu'ils étaient tous également mal gouvernés, et que depuis long-tems ils étaient de même. Des principes à peu près semblables de conduite les dirigeaient, non la sagesse dans les conseils, la modération et la capacité dans les affaires.

Aucun gouvernement n'avait des idées justes de police intérieure, et le sang des peuples était versé inutilement dans des guerres entreprises sans motif, conduites le plus souvent sans habileté et par jalousie, pour satisfaire l'intrigue et la cupidité. Le peuple, la portion la plus nombreuse et la plus utile des Etats, était méprisé par les premières classes, dont le mépris frappait aussi les professions des citoyens, quand ceux-ci étaient seuls chargés des impôts, et dans beaucoup de provinces restaient dans une médiocrité et un oubli avilissans. Ce mépris se remarquait surtout dans l'oubli des convenances sociales, qu'on ne blesse jamais impunément chez des hommes policés. Les classes mitoyennes, en supportant impatiemment ce mépris des premières classes,

le reportaient par imitation aux classes in-
férieures, dont elles dédaignaient à leur tour
les professions et les alliances. Une désunion
réelle existait dans les Etats, et l'orgueil des
rangs ajoutait aux maux publics un mal mo-
ral qui les aggravait encore. Une autre désunion était à cause des opinions religieuses
et du libre exercice des cultes. Tout servait
de voile ou de prétexte au pouvoir. La pensée était gênée, et les gouvernemens se pri-
vaient des lumières qu'ils pouvaient retirer
des peuples en étant justes et modérés.

Cependant la dilapidation des revenus publics, le poids des dettes nationales, l'incapacité des princes, l'inhabileté et le despotisme
de leurs ministres, l'immoralité des cours,
l'incertitude des conseils, l'arbitraire des autorités, la centralisation même du pouvoir préparèrent insensiblement un changement dans
le système social, et dans quelques pays à
le désirer. Mais les Français, éclairés par un
demi-siècle de recherches philosophiques,
furent plus propres à un tel changement et
disposés les premiers à en reconnaître les
avantages politiques.

La nullité et l'incapacité connues du chef

de l'Etat , (1) prince indolent , insouciant et inappliqué, ne sortant de son apathie naturelle que par humeur, et y retombant aussitôt par habitude, sans instruction de l'homme d'état, ni élévation dans l'esprit, irrésolu dans le conseil, sans volonté pour ce qu'il voulait, ni fermeté dans l'exécution , tout entier au moment présent, et incapable de rappeler le passé et de préjuger l'avenir, nullement propre à gouverner un peuple éclairé et fatigué de deux règnes qui avaient ébranlé le système social , entêté de son pouvoir sans le connaître, attaché aux prêtres par pusillanimité , et dévot par préjugé , dupe de tout de ce qui l'entoura , méprisé d'une partie des grands et de la noblesse , jouet de sa famille, dont il ne savait empêcher les désordres, gouverné par une femme altière, vaine , remuante et impudique ; les désordres croissans des finances , une dette de plusieurs règnes, le despotisme et les dilapidations des ministres , des actes arbitraires , la versalité du con-

____

(1) Louis XVI. Comme la cruauté s'allie à la faiblesse, il ne lui manqua pour être cruel que l'énergie, dont la perte de sa qualité d'homme le priva dans son enfance.

seil ; l'avidité insatiable des traitans, les dépenses fastueuses des courtisans, le luxe in-
sultant des riches et la misère publique dans
les provinces , le monopole qui paralysait
l'agriculture et le commerce , et épuisait les
ressources de l'Etat, jetèrent dans les esprits
une méfiance entretenue par les partis , (1)
l'insolence et les prodigalités d'une cour dis-
solue et divisée , et donnèrent plus d'activité
à la révolution morale qui s'était faite.

Les Français murmurèrent ; des plaintes
s'élevèrent de toutes parts , et l'inquiétude
publique , privant la France d'une partie des

____

(1.) Le frère de Louis, homme taciturne, haineux,
vindicatif, ombrageux, défiant, dévot, avare, cupide,
sans foi, infatué de la réputation littéraire, profon-
dément faux et d'une ambition sombre, s'était fait un
parti parmi les grands feudataires, et devait faire prononcer par les pairs du royaume l'interdiction de
Louis, et appeler de la naissance de ses enfans. Son
second frère, adonné à ses sales débauches, prodigue,
d'une ignorance grossière, avait formé un autre parti
d'intelligence avec la reine ; et d'Orléans, mécontent
de la cour, crapuleux, lâche par caractère, ne connaissant que l'intrigue et la vénalité, pusillanime et
bas, voulait être ambitieux, et n'était pas même un
factieux.

ressources qui lui restaient , augmenta les craintes , et porta un grand nombre à connaître les vices et les abus de l'administration. Beaucoup dès lors désirèrent un changement dans la police intérieure : lui seul pouvait remédier aux maux de la patrie et calmer les inquiétudes.

Des citoyens généreux présentèrent quelques vérités utiles à l'étonnement des Français , et chacun fut plein d'une juste indignation à la vue des maux publics. Des mécontentemens éclatèrent dans les provinces. (1) Dans celles pays d'Etat , qui jouissaient du privilège d'avoir des assemblées provinciales et de se régir en certains cas, on réclama vivement contre les abus et l'oppression ; on fit des représentations énergiques qui portèrent inutilement au conseil les torts de l'administration.

Le mépris que l'on fait d'une nation éclairée est ce qu'elle supporte le moins, ce dernier degré d'avilissement lui faisant mieux sentir ses maux et ceux qui lui sont réservés , mais dont alors la crainte approche le terme et augmente le poids.

------

(1) Le Dauphiné réclama le premier les droits du peuple , et son exemple entraîna les autres provinces.

Le changement qui se fit dans les opinions des Français tint au sentiment du mal public. On se rappelait l'exemple récent de l'indépendance des Etats-unis d'Amérique pour laquelle beaucoup de Français avaient versé leur sang, et dont un grand nombre admirait la persévérance, le courage, la conduite et plus encore la liberté publique et civile. L'esprit public se propagea, et l'autorité du gouvernement diminua avec le respect des peuples, dont les forces s'accrurent de ce que le gouvernement perdit de la faible considération que sa conduite lui ôta.

Le corps politique, comme dans la nature où tout a son accroissement, ses tems de maturité et de décadence, annonça également une dissolution prochaine chez tous les peuples. Chaque pièce de l'édifice social, sans ensemble et sans appui, se détraquait, et lui-même n'attendait plus qu'un choc pour s'écrouler; seulement les sciences étaient plus en honneur en France et mieux cultivées, les lumières plus généralement répandues. L'Europe, sans lois ni liberté sociale, était par ses institutions mêmes dans cet état de malaise politique qui présage insensiblement la décadence des empires, et amène tôt ou tard des crises publiques, quand la France, souffrant plus impatiemment les vices de son administration intérieure, s'éleva tout à coup contre les abus de son gouvernement, qui n'était qu'une longue usurpation héréditaire sur ses franchises nationales et les libertés de ses fondateurs.

Exprimant ses plaintes avec cet accord unanime qui fixe les révolutions, la France demanda la réforme de son système social ; la première elle réclama le bienfait des lois et d'une administration légale, ces grands intérêts sociaux et les garans de la liberté publique et de la sûreté individuelle, mais dont l'absence avait causé tous les maux publics depuis la fondation des peuples.

Les états-généraux, faible refuge des Français pour les libertés des citoyens, alors leur seule ressource et leur dernier espoir, furent assemblés. (1) Chargés du vœu impératif des

____

(1) Sur la fin du dix-huitième siècle, en 1789. Aux états-généraux, comme représentant la nation, appartenait la sanction des impôts ; mais les rois, les ayant toujours craint, les assemblèrent rarement, et

provinces pour les réformes des abus qui attaquaient toutes les parties du corps politique, les députés ne crurent pas que leur pouvoir dût se borner à accorder des subsides et à faciliter la levée de nouveaux impôts; se pénétrant de l'étendue de leurs devoirs et de la profondeur des maux de l'Etat, jugeant ce qu'ils devaient et ce qu'ils pouvaient, ils se formèrent en assemblée nationale constituante, et s'emparèrent d'une administration qui échappait des mains d'un prince faible, mal intentionné, indolent et sans capacité. Cet acte politique et de courage fit recouvrer aux Français les plus précieux de leurs droits, le consentement des impôts et la sanction des lois.

Tous les pouvoirs s'abaissèrent devant cette assemblée, qui, forte de l'importance de sa mission et de la volonté nationale, porta ses réformes sur le gouvernement, les impôts et toutes les institutions civiles, militaires et religieuses de l'Etat.

Une constitution, ce premier besoin des

---

seulement pour en obtenir des subsides, qu'on eût refusés à leurs ordres dans les tems difficiles.

(57)

peuples policés, fut donnée à la France, et ce grand acte législatif fut un grand exemple pour les autres peuples. (1).

Une effervescence générale marqua les premiers tems du nouvel ordre de choses. Le changement politique, encore peu prévu par beaucoup, quoique préparé par un demi-siècle de recherches philosophiques, jeta les esprits dans un extrême opposé à celui des tems antérieurs. De petites passions à venger, des intérêts personnels à satisfaire ou froissés, l'orgueil de la naissance et des rangs compromis, l'ambition de s'élever et le désir de s'avancer firent naître des partis, et rompirent l'accord entre les citoyens. Les intrigues, les menées et les complots d'une cour corrompue et corrup-

____

(1) Les Français, de tous tems froissés par les débats de la noblesse et du clergé, des parlemens et des rois, n'avaient jamais été que les instrumens de leurs rivalités et de leur ambition, parce qu'ils n'avaient point eu de constitution positive qui fixât les droits des corps de l'Etat, et qui eût été pour le peuple un point de ralliement contre l'usurpation de ces corps. Les usages qui les régissaient s'étaient successivement établis, selon que chacun de ces corps avait usurpé le pouvoir, et en avait abusé.

trice mirent la désunion dans les esprits en
flattant les passions et les préjugés des uns
et en excitant les haines dans le parti contraire. Des caractères ardens en profitèrent,
et la voix des sages fut méconnue. Plus le
malaise public était général et senti, plus les
efforts pour en sortir furent violens.

L'Europe formait une association qui, sans
des notions exactes du droit des nations,
sans acte positif d'union que des traités partiels, se maintenait quelquefois par le contrepoids de la faiblesse de chaque Etat, et
plutôt par la jalousie, qui faisait que chaque
puissance se croyait intéressée à la conservation de ce qui était établi, que par l'intérêt bien entendu de tous au maintien de
l'espèce d'ordre qui existait; mais cet ordre,
plus apparent que réel, éprouvait des changemens toutes les fois qu'il plaisait à l'ambition des grands Etats de le troubler. Les
événemens, tout influens qu'ils pouvaient
être, prouvaient que, indépendamment de la
faiblesse pour se maintenir et de l'ambition
pour attaquer, les maximes de la politique
se rapportaient toujours à celles des gouvernemens. Ainsi l'Europe languissait dans
son indolence et sa sujétion accoutumées

malgré ses efforts pour en sortir. L'absence de lois positives était la cause première de son malaise intérieur et extérieur, et de la non civilisation de ses peuples depuis leur établissement.

De petits Etats sans force intérieure disséminaient en partie l'Europe, et rompaient cette harmonie politique que les grandes puissances voulaient pour elles seules : ils étaient pour ces puissances un aliment toujours nouveau à leur ambition. Les grands Etats conservant toujours leurs intérêts particuliers, ou plutôt servant toujours leur ambition personnelle, troublaient sans cesse l'Europe par des guerres aussi insensées que ruineuses ; mais aucun ne connaissait sa véritable situation respective, et n'était assez instruit du jeu de cet équilibre politique que chacun en particulier réclamait pour soi. Chaque puissance formait des droits sur le domaine d'un autre, et, comme la force décide seule où la justice est méconnue, on combattait pour ces droits sans en connaître réellement la nature. Presque tous les Etats avaient des enclaves chez l'étranger, et dans leur propre territoire des possessions qui ne leur appartenaient pas, ce qui formait une véritable anarchie en mettant une confusion très grande dans leur domaine, et était encore une cause de guerres et de dissensions.

Dans cette fluctuation d'intérêts divers qui se croisaient sans cesse l'Europe était sans cesse agitée, les guerres naissaient des guerres, les motifs et les rivalités subsistaient après les combats, les traités n'étant que des trèves revêtues de formes politiques. Une ambition sans grandeur ni moyens, plutôt remuante qu'active et entreprenante dans ses desseins, en était toujours la cause secrète. Malgré ses efforts et le sang qu'elle perdait l'Europe restait à peu près ce qu'elle était depuis un siècle; c'est à dire qu'elle ne suivait dans sa politique que l'esprit d'intrigue et de tracasserie, et une certaine habitude d'être et d'agir. Une grande commotion pouvait seule l'arracher à son état de malaise, à ses troubles et à son indolence.

L'Allemagne, divisée en ses trois cents États, et soumise à une multitude de princes, sans cesse troublée par leurs intérêts personnels, intérêts qui tenaient à sa constitution même, trouvait sa propre faiblesse dans la forme de sa confédération princière : chef de cette confédération , l'Autriche y exerçait son ambition influente avec la Prusse, qui, suivant les maximes constantes de sa propre politique, n'était l'amie ni l'alliée d'aucune puissance. L'Espagne, dégénérée successivement depuis qu'elle avait reconquis ses provinces, ne possédant plus cette influence dans les affaires qu'elle avait due à la politique et aux alliances de plusieurs de ses princes, épuisée d'hommes et sans énergie, accablée sous le poids de ses immenses possessions d'Amérique, et dont la Hollande, en secouant son joug, avait annoncé la perte de sa prépondérance, languissait dans son indolence accoutumée et dans l'apathie de son système politique et religieux : elle n'avait plus que le souvenir de son influence passée. Le Portugal avait perdu son activité depuis ses grandes entreprises, et était devenu une colonie européenne pour l'Angleterre. La Hollande était sujette de la Prusse par son chef; l'Angleterre dirigeait son conseil, et avait fait de ses ports ses entrepôts, et de ses habitans les facteurs de son commerce. Rome n'avait plus que les restes des chefs-d'œuvre de l'antiquité, son goût et son génie exclusifs pour les arts. L'Italie, partagée entre de petits États trop faibles pour rien entreprendre, se conduisait selon les circonstances et d'après l'influence de l'Autriche, qui en possédait une partie : elle végétait dans sa servitude politique et religieuse. Tout le midi, subjugué par un ascendant qu'il n'avait plus, languissait dans son inertie accoutumée, et n'offrait plus que des peuples abâtardis. La Suisse, toujours divisée par les intérêts personnels de ses cantons, était livrée à son olygarchie ordinaire. La Russie, connue depuis un siècle, suivait ses projets d'envahissement en Europe et en Asie. La Suède et le Danemarck, toujours ennemis, craignaient d'irriter son ambition. La Turquie, menacée par la Russie, en proie à ses divisions intestines jamais appaisées, aux révoltes toujours renaissantes de ses provinces, soumise à l'indolence de ses princes et aux ambitions de ses gouverneurs, semblait n'attendre plus qu'un maître qui s'emparât de son territoire. La Pologne s'écroulait sous les coups réunis de la Russie, de l'Autriche et de la Prusse, avides de ses fertiles provinces ; et le démembrement partiel de la Pologne rompait ce qu'on s'obstinait toujours à nommer l'équilibre de l'Europe, comme s'il eût pu exister une harmonie politique entre de grands et de petits États, ayant des gouvernemens différens et des intérêts opposés , résultant de la suggestion des uns et de la prépondérance des autres. (1)

Mais l'Angleterre, orgueilleuse de sa marine et de l'étendue de son commerce et de ses immenses possessions en Asie et en Amérique, suivait avec persévérance son système de commerce universel. Commençant à se jouer ouvertement de l'indolence du continent, qu'elle avait rendu tributaire du produit de ses denrées et de ses marchandises, elle ne mettait plus de bornes à son ambition, et voulait accoutumer les nations à la regarder maîtresse des mers et à n'être que les consommateurs de son industrie et de son commerce. Avec l'or qu'elle en retirait elle disposait selon ses intérêts de la paix et de la guerre. Si elle avait vu se former une ligue de neutralité armée

____

(1) Les possessions coloniales, possessions toujours nécessairement mal administrées , étaient pour l'Europe une charge qui ne cessait de peser sur sa population, la culture de ses terres, son industrie, et la consommation des produits de son sol et la cause des guerres continentales et maritimes dans les deux mondes.

entre la Russie , la Suede et le Danemarck
contre la tyrannie de ses précautions maritimes , elle avait eu l'art d'éluder un principe
du droit des nations (la liberté des mers) en
ayant la politique de paraître ne pas réclamer
contre la défense de cette liberté : laissant en litige ce qui lui était contesté , sans rien accorder
et sans rien refuser , par cette conduite elle
avait su s'autoriser depuis d'un droit injuste ,
que n'appuyait que trop sa puissance maritime.

La France seule eût pu résister à l'Angleterre ; mais depuis qu'elle avait vu une partie de l'Europe liguée contre elle par l'orgueil
d'un de ses rois , (1) dont les brillans mais funestes succès avaient d'abord jeté quelque
éclat sur ses armes , et ensuite causé la misère
de ses provinces , la ruine de ses finances et
la perte d'une partie de ses conquêtes , fruit
inutile de son sang et de ses ressources dissi-
pées, elle était restée sans force dans son intérieur, et presque sans considération audehors.
Victime de traités qui depuis un siècle la pri-
vaient de ses ressources naturelles et indus-

____

(1) Louis XIV.

trielles, gênée dans ses moyens par son gouvernement même, qui abusait de ses ressources, toujours sacrifiée à des tracasseries de famille et à des intrigues de cours, elle n'avait plus d'influence politique et commerciale; ouverte aux invasions de ses ennemis, et entourée de puissances jalouses de la fertilité de son sol, de la bonté de son climat, de sa population, de l'industrie et de l'activité de ses habitans, de sa position sur les deux mers, elle était sans cesse exposée à la rivalité de l'Angleterre, aux attaques de l'ambition remuante de l'Autriche, à celles de l'Espagne, de la Prusse, de la Hollande et de l'Italie, leurs auxiliaires. Son triple rang de places frontières était à peine une garantie de ses provinces dans ses guerres. La Suède, le Danemarck et la Russie étaient ordinairement indifférens à ses querelles, sans l'être entièrement à ses intérêts. Sa population, ses ressources territoriales et la valeur de ses armées avaient toujours contrebalancé les efforts réunis de ses ennemis, dont la faiblesse balançait d'ailleurs la sienne. Elle l'emportait par les qualités guerrières de ses habitans; mais ses ennemis avaient l'art de reprendre leurs avantages dans les négociations et les traités;

ce qu'elle perdait du fruit de ses victoires par des traités impolitiques et captieux, elle le reconquérait par ses armes.

Attentive aux changemens politiques qui s'opérèrent en France, mais se méprenant sur leurs causes, ces causes tenant aux mêmes principes qui dirigeaient la police de tous les pays, l'Europe vit avec étonnement et avec crainte un peuple, fort de sa population, actif, entreprenant, brave, et voisin des principaux États, éprouver un ébranlement intérieur, dont la secousse pouvait se faire sentir au-dehors. Inquiète et dans l'attente des événemens, l'Europe parut d'abord tranquille spectatrice de la révolution qu'éprouvait la France; par des vues différentes les États frontières affectèrent vouloir rester neutres.

Une agitation, sourde dans son principe, mais soutenue par l'ambition, l'imprévoyance et la crainte, qu'augmentèrent les troubles de la France, (1) prit bientôt un caractère plus

______

(1) Quoique l'étranger vît les gens sensés en France opposer l'ordre aux troubles, les communes se former en milices nationales pour prévenir les désordres dans les villes et les campagnes, abusé par les plaintes

prononcé. Dans les Etats voisins, et qui pouvaient le plus nuire à la France par leur position et leur réunion, les négociations devinrent plus actives : (1) on accueillit plus ouvertement les mécontens fugitifs en Allemagne, en Espagne et dans le Piémont, où des rapports d'alliances rendaient les intelligences plus intimes, et envenimaient davantage les haines. (2)

Trompé sur la présomption des résultats possibles des événemens de France, et incapable d'en reconnaître les causes, l'étranger les vit une occasion nécessaire d'humilier

des mécontens qui se précipitaient dans les pays frontières, il ne regarda cette révolution que comme un mouvement de rebellion contre l'autorité établie, parce qu'il vit aussi une foule d'hommes, plutôt intrigans qu'ambitieux, s'agiter dans le désordre qu'ils propageaient.

(1) Les Etats de l'Allemagne, l'Espagne, le Piémont, l'Italie et la Hollande, qui accédèrent à l'accord contre la France.

(2) On ne se contenta plus de rendre promesses pour promesses aux émigrés, qui disaient les communes des gens révoltés contre le prince, et aux mécontens de l'intérieur, qui assuraient la France livrée à une entière désorganisation.

une puissance dont il pensait avoir à craindre si la révolution se consommait, et si la France reprenait sous un gouvernement fort et libéral sa prépondérance naturelle parmi les Etats, ayant une fois rompu les entraves qui s'étaient jusqu'alors opposées à l'essor du génie et du caractère de ses habitans.

Il ne craignit pas d'éveiller la passion des armes et d'exciter le sentiment de la gloire dans un peuple naturellement brave et belliqueux : il ne s'aperçut pas qu'opposer sa propre faiblesse à l'énergie d'un peuple dont l'oppression et les abus de son gouvernement avaient occasionné le mécontentement, c'était s'exposer soi-même à un tel soulèvement intérieur, et que vouloir prévenir les mêmes troubles par l'attaque était en propager le germe dans le reste de l'Europe.

On ne répondit plus aux plaintes et aux représentations de la France sur les bruits de guerre et d'armemens que par des allégations évasives ou par de nouveaux outrages. (1) On

---

(1) L'étranger, se jouant des inquiétudes de la France, voulut lui laisser le reproche des premières hostilités.

ne cessa d'employer tous les ressorts d'une politique astucieuse pour augmenter le nombre des mécontens, faire entrer de nouveaux Etats dans la ligue, et pour gagner du tems. L'Autriche et la Prusse, naturellement ennemies, se rapprochèrent. (1)

L'Angleterre parut vouloir conserver ses relations politiques ; mais elle éveilla sourdement les ambitions du continent ; elle alimenta les troubles intérieurs de la France, se servit du nom des Bourbons fugitifs pour exciter à la guerre civile; (2) dans l'aveuglement de sa vengeance (3) et de sa cupidité, présageant sa grandeur future, elle flatta secrètement les intérêts des princes, jaloux des agrandissemens qu'elle leur assura; elle leur

---

(1) L'Autriche, jugeant qu'elle ne pourrait plus diriger le conseil de France, se flatta de l'humilier au point de n'en avoir plus rien à craindre.

(2) Les deux frères de Louis et une partie de sa famille l'avaient lâchement abandonné.

(3) La révolution de France parut à l'Angleterre une circonstance favorable de se venger de la perte des Etats-Unis, et de perdre la seule puissance qui pouvait préserver l'Europe de son joug.

donna l'impulsion, mais sut leur cacher ses intentions secrètes, le démembrement entier de la France, seul obstacle à sa souveraineté des mers; but de sa politique depuis un siècle. Les puissances dont elle fit ses auxiliaires servirent ses prétentions et sa haine en croyant servir leurs intérêts propres. L'Europe, trompée sur ses intérêts, forma les différentes ligues, dont l'Angleterre fut l'âme et le moteur; et l'Angleterre, se servant des passions des cours, parvint un moment à cette puissance maritime, dernier terme de sa cupidité et de son orgueil.

Alors parurent aux prises les deux premiers peuples de l'Europe, ennemis de tous tems, mais dans une situation politique bien différente : la France, livrée à ses troubles, divisée par les partis, éprouvait les secousses d'un changement intérieur et les maux de l'absence d'un gouvernement bien intentionné, ferme et actif : l'Angleterre, forte de sa marine et de l'étendue de son commerce et de ses colonies dans les deux Indes, pouvait compter parmi ses avantages dans l'attaque l'exclusif esprit national de ses farouches habitans, et la durée d'un gouvernement anciennement établi et respecté. La France, sans marine, sans officiers pour commander ses flottes et ses armées, (1) sans finances qu'un papier-monnaie, dont le crédit dépendait des événemens, voyait encore ses défenseurs fuir et s'armer contre elle : l'Angleterre avait le choix du tems et des mesures dans l'aggression. Les Etats voisins de la France étaient des ennemis jaloux de tous tems de ses avantages : l'Angleterre, inaccessible à ses coups, pouvait soulever impunément le continent, l'armer contre la France, et l'accabler de son poids, sans que cette secousse pût se faire sentir chez elle ou dans ses colonies.

L'Europe arma à son instigation, (2) et s'éleva cette lutte mémorable entre toutes les nations. La France, attaquée par l'Europe coalisée, se vengea de son injuste aggression par la civilisation, qui n'eut plus d'obstacles ; les lois et la politique sortirent de leur état d'enfance, et commença avec cette révolution, qui devait changer les destinées de l'Univers, une nouvelle histoire pour les peuples.

---

(1) Le plus grand nombre avait émigré.

(2) Les guerres de la révolution furent proprement les guerres de la haine et de la rivalité de l'Angleterre contre la France.

(72).

La guerre fut inévitable. (1) Dans l'attente l'inquiétude s'empara des esprits : les nouvelles sinistres de vengeances et d'armemens que les mécontens répandirent avec assurance, la certitude de rassemblemens armés audehors et des projets concertés de l'étranger augmentèrent les troubles.

L'assemblée de France (2) mit de la faiblesse où il fallait de la vigueur ; elle temporisa quand il fallait agir, et par cette conduite impolitique elle laissa se grossir le nombre des mécontens, et donna à l'étranger le tems de se coaliser, lorsqu'avec du courage et de la fermeté elle eût pu dissiper les justes craintes de la nation. Elle n'osa pas compter sur les peuples que sa faiblesse indisposa contre elle, et craignit de prévenir les projets de l'étranger par l'attaque. Au lieu d'une attitude défensive qu'elle ne prit même pas, elle laissa l'initiatif de l'offensive à l'ennemi, et le hasard des événemens à

---

(1) La fuite du roi avait rendu publics ses desseins et ceux des coalisés.

(2) L'assemblée constituante.

l'assemblée qui lui succéda , avec toutes les chances de son délai impolitique. (1)

Composée de l'élite de la nation , imposante par les talens de ses membres , recommandable par les principes sociaux qu'elle enseigna aux Français , cette première assemblée ne fut plus que l'ombre d'elle-même à ses derniers tems. Pleine de bonnes intentions , mais sans énergie dans les crises qui naissaient de sa conduite , voulant beaucoup et osant rarement , souvent d'une faiblesse à faire pitié , combattue par ses propres passions et son désir de faire et sa crainte

____

(1) Les armées étaient désorganisées , les places sans approvisionnemens et sans forces militaires , la direction de la guerre en des mains peu sûres ; mais aussi les puissances les plus intéressées à l'abaissement de la France , ou au moins à son humiliation , temporisaient , attendant des circonstances décisives. Il leur fallait encore un tems nécessaire pour s'entendre sur les bases de la coalition , et stipuler leurs intérêts d'après les résultats des événemens et les chances possibles de la guerre , chacun ayant ses vues particulières et ses intérêts personnels. Elles voulaient aussi se fortifier de celles qui pouvaient désirer rester neutres , mais dont par suite des événemens elles pouvaient craindre la jalousie.

d'aller trop loin, sa conduite et sa faiblesse
firent naître les partis. (1) Ayant une fois
perdu la direction de l'opinion publique, elle
fut en butte à la divergence des opinions qui
divisèrent les Français : comme ces aurores
précurseurs des beaux jours et des tempêtes,

---

(1) Sa conduite après la séance royale, le serment
du Jeu de Paume, et son calme lors de la fuite de
Louis furent les seules époques où elle montra de
la dignité et de la grandeur. Elle n'ignorait pas que
Louis conspirait avec ses frères émigrés et avec l'é-
tranger, et quoiqu'il eût fui pour aller se joindre à
eux, elle ne craignit pas de lui remettre le pouvoir.
Si elle eût prononcé la déchéance de la famille des
Bourbons au trône elle eût évité de grands malheurs.
Louis avait perdu la confiance de la nation, et ne la
méritait plus par sa conduite hostile ; il avait déchiré
le pacte social entre lui et les Français : celui qu'on
disait son fils était enfant ; ses deux frères, trop lâches
pour le défendre à main armée, avaient fui et intri-
guaient à l'étranger contre l'Etat : la déchéance des
Bourbons était dès lors inévitable. Le tems fit ce que
la politique et la prudence indiquaient alors. Le trône
resta vacant jusqu'à ce qu'il se fût trouvé un homme
digne de commander une nation généreuse ; et la
force des choses amena des troubles et des déchiremens qu'on eût pu prévenir en régularisant cet in-
terrègne.

elle fut le germe de la régénération des peuples et des troubles publics. Si sa conduite ne fut pas toujours un grand exemple, elle laissa un grand souvenir par les lois qu'elle rendit.

Une fois l'unité d'opinions rompue, chacun interpréta les événemens, et voulut en profiter selon ses vues, ses intérêts et ses passions. La conduite hostile de la cour, les menées secrètes de Louis avec les mécontens et l'étranger, donnèrent plus d'activité aux partis qui partageaient les Français, et la seconde assemblée, (1) formée d'hommes de partis contraires et déjà ennemis, fut entraînée par des événemens dont le cours irrésistible était devenu le régulateur des opinions en France.

En déclarant la guerre à l'Autriche la France n'ignora pas ce qu'elle avait à craindre. (2) Les armées furent mal ou pas orga-

---

(1) L'assemblée nationale législative.

(2) En 1792. La Prusse ne fut pas comprise dans cette déclaration, pour ne point effrayer les esprits, et pour l'engager par cette réticence à abandonner la coalition.

nisées, les frontières restèrent ouvertes à l'ennemi et les places sans défense ; le commandement fut donné à des officiers sans estime dans leurs talens ou sans confiance dans leurs opinions. La méfiance et l'inquiétude augmentèrent l'embarras des ressources. En proie à ses divisions intestines, la France n'avait plus cette unité d'intention qui pouvait faire sa force.

Mais l'idée d'un joug étranger, la crainte de l'envahissement et du démembrement de l'Etat firent taire pour un moment les partis, et imprimèrent à la nation un élan qui fut en partie donné par ceux mêmes qui portaient le trouble en France.

Aux premiers bruits des dangers de la patrie les citoyens se portèrent d'eux-mêmes aux frontières, qu'avait dépassées l'ennemi. Leur organisation en milices nationales, institution conservatrice de la liberté des peuples, s'était régularisée dans toute la France. Ces milices furent les premières armées françaises ; d'elles sortirent ces légions constamment victorieuses qui étonnèrent l'Europe par leurs conquêtes.

Sans discipline ni instruction militaire, mus par le sentiment de la défense communé, les Français arrêtèrent les Prussiens dans le nord, où quelques villes avaient ouvert leurs portes, et d'où ils s'avançaient sur Paris. Malheureux dans leurs premiers combats, ils ne se laissèrent point abattre par leurs défaites ni par la trahison de plusieurs des généraux qui les commandèrent d'abord, ni par la juste défiance que beaucoup de leurs officiers leur inspirèrent.

Les Prussiens, déconcertés d'une résistance qu'ils n'avaient pas prévue, sauvèrent avec précipitation leurs débris dans les provinces belgiques. Leur retraite, quoique due en partie à la trahison, inspira une grande confiance aux Français, que la bataille de Jemmapes, la première bataille rangée de ces guerres, accrut encore.

En butte aux attaques réitérées du parti dominant, dont l'audace, toujours plus grande, en imposa aux amis des principes fondamentaux des sociétés, le trône s'écroula avec le dernier roi. Sa chûte, due aux passions et non à un plan combiné de conduite, laissa un vide immense entre l'ordre et le désordre, et livra la France aux troubles inséparables de l'absence d'un gouvernement, et à toutes les factions de ceux qui s'agitèrent pour s'emparer du pouvoir. Dès lors les passions n'eurent plus de frein ; l'exagération prit la place de la prudence et de la sagesse, le patriotisme fut dans l'exaltation des opinions.

Dans ces circonstances non prévues par les nouvelles lois politiques une assemblée extraordinaire fut convoquée : (1) le sort de l'Etat lui fut remis, et elle usa de ses pouvoirs illimités avec l'énergie de l'audace et toute l'effervescence des passions exaltées par des idées de liberté publique chez un peuple à peine sorti de l'oppression. Sa conduite entraîna les Français, et les esprits allaient avoir une direction toute autre si la tyrannie, et les crimes de quelques uns des membres de cette assemblée ne les eussent ensuite reportés vers le pouvoir d'un seul.

En abolissant la monarchie en France (2) cette assemblée trancha un noeud qu'il n'était plus possible de dénouer. En prononçant ensuite la mort de Louis elle défia les menaces de l'étranger par sa fermeté, comme

____

(1) La convention nationale.

(2) Le 22 septembre 1792, le premier jour qu'elle siégea.

elle l'intimida depuis par son audace et l'exagération de ses principes. Le supplice de Louis étonna les Français, pour qui il fut une chose nouvelle, et ce grand acte de justice nationale porta l'effroi dans ceux du parti contraire. (1)

Pour occuper les esprits effrayés des événemens de l'intérieur l'assemblée poussa la guerre avec vigueur. L'attention publique se porta toute sur la guerre, qui se fit avec succès : en quelques mois les provinces belgiques, les pays de Monaco et de Porentruy furent conquis. L'ennemi commença à connaître la valeur française.

L'esprit de vengeance et plus de haine dans les mécontens et les cours succédèrent à la crainte et à l'étonnement qu'avait d'abord causés le supplice du dernier roi. Les coali

---

(1) L'inviolabilité royale était pour la gestion des affaires publiques ; la constitution de l'Etat n'avait pu l'établir pour crime contre la sûreté de l'Etat ; une telle absurdité ne pouvait servir de principe en faveur de Louis : il était hors des lois ; ce n'était donc pas par les lois qu'il pouvait être jugé, mais par un principe antérieur à toutes les lois, et sur lequel repose même les sociétés.

sés redoublèrent d'efforts ; leur ambition accrut leur espoir de profiter des troubles de la France pour se partager un trône que la fuite des frères de Louis laissa vacant. De nouveaux Etats armèrent par jalousie ; et l'Angleterre, l'Autriche, la Prusse, l'Espagne, la Hollande, le Piémont, Rome, la Suède et la Russie, qui n'y coopéra qu'en promesses, formèrent cette première coalition de l'imprévoyance et de l'aveuglement. Des Etats différens de mœurs, de caractères, de police, d'intérêts et d'opinions se réunirent contre un peuple occupé de ses affaires intérieures ; et les guerres que ces ligues occasionnèrent prouvèrent les efforts dont est capable une nation brave et généreuse pour assurer son indépendance.

Indépendamment de la jalousie ordinaire entre des coalisés, un peuple n'est jamais plus fort que dans ces tems de crises politiques où, ayant à conquérir tout à la fois sa liberté et son indépendance, et que, mu par ce grand intérêt social, il met en évidence tous ses moyens. Les passions sans frein franchissent alors les limites de la sagesse et de la modération ; les circonstances développent des talens cachés, mais stériles sans elles ; chacun s'avance , s'agite , se pousse et prend une part plus ou moins active aux événemens. Alors tout ce qui est grand et héroïque a le plus de pouvoir sur les esprits : tout est en effervescence , et , comme sous l'empire des lois les plus douces et les plus propres au bonheur des peuples, chacun s'intéresse à la chose publique. Attaquer une nation alors c'est opposer sa propre faiblesse à son énergie ; c'est choisir le moment où, n'étant plus permis à personne de rester témoin passif des événemens, les forces mises en mouvement ont acquis une plus grande puissance par leur activité soutenue, et lorsque leur impulsion violente est portée d'elle-même à renverser tout ce qui s'y oppose. (1)

Le pouvoir était dans les mains de gens dévoués à un ordre de choses leur ouvrage ;

---

(1) Divisée par les partis qui se disputaient le pouvoir, déchirée par des factions, comprimée par la terreur, jouet des passions les plus violentes, gouvernée par l'audace et l'exagération, la France était dans cette effervescence que donnent les tems de troubles politiques, quelles que soit d'ailleurs les opinions individuelles.

leurs passions régissaient l'Etat, et multi-
pliaient ses moyens de défense, et ce fut
quand le pari dominant avait le plus de puissance, quand des hommes avides de pouvoir
asservissaient l'État, quand l'exemple entraînait les timides, et lorsqu'il n'était plus permis à aucun de rester témoin passif des
événemens, que l'étranger, sans prévoyance
sur l'avenir, sans avoir calculé ses forces à
la résistance, manifesta le plus ostensiblement ses haines et ses desseins contre un
peuple qui ne respectait plus rien dans son
intérieur. La France, attaquée alors, reporta
en Europe, avec l'agitation qu'elle éprouvait, ce même esprit de liberté qu'elle avait
à défendre et contre elle-même et contre
l'étranger.

L'enthousiasme, les dangers de la patrie,
la crainte de la domination étrangère lui
avaient créé des armées, dont le nombre et
le dévouement arrêtèrent les premiers efforts
de l'ennemi. Comme il n'est pas de fautes
dont une nation passionnée pour la gloire
militaire ne profite, leurs premières défaites
leur apprirent bientôt l'ordre et la discipline
qui leur manquaient. Composées d'hommes
de toute classe et de tout âge, nullement

faits au métier des armes, ces armées se formèrent à l'art militaire sur le champ de bataille. Dès leurs premières campagnes leur nombre, leur brusquerie et leur impétuosité naturelles les firent vaincre, les rendirent invincibles depuis, et méritèrent à la France le nom de *grande nation*, que lui donna le plus grand de ses capitaines et le premier de ses princes. (1)

L'assemblée sentit que le moyen de ne pas laisser se ralentir l'élan qu'elle avait donné aux esprits était de prendre l'offensive contre un ennemi qui se fortifiait journellement : cette politique déconcerta l'ennemi, déjà étonné de ce qui se passait en France, et fut depuis la cause principale de ses succès audehors. Si elle eût temporisé l'ennemi, traînant la guerre en longueur, eût pu triompher des efforts de la France, et lasser sa patience ; et les maux de l'intérieur, ajoutés à une guerre dont on n'eût pas prévu le terme, eussent jeté les esprits dans le découragement ; mais elle ne les laissa pas réfléchir sur la position de l'Etat, et les entraîna par son exemple. Quand les

---

(1) Bonaparte, depuis Empereur Napoléon.

Français furent le plus dans la crainte et l'abattement les succès de leurs armées leur laissèrent au moins l'espoir de ne point avoir à
souffrir de leurs maux domestiques et de la
domination étrangère.

La France attaqua l'Autriche là où elle avait
distribué les forces des coalisés. La position
hostile qu'elle avait prise dans les provinces
belgiques, en Savoie et sur les bords du Rhin
était celle où la France pouvait lui porter les
coups les plus sûrs : en circonvenant la France
elle l'appela dans des pays qu'elle convoitait depuis long-tems.

Laissant quelques corps pour arrêter et ob-
server l'ennemi, les Français pénétrèrent en
Belgique, du côté du Rhin et en Italie, forcèrent les coalisés à diviser leurs forces, et
diminuèrent le alliés de l'Autriche en les battant. Vainqueurs au nord et à l'est, ils disposèrent d'une partie de leurs forces contre
l'Espagne et la Hollande.

Sans se laisser intimider par le nombre les
Français portèrent la guerre plus loin que
leurs premières conquêtes, pour assurer
leurs premiers succès, et forcer à la paix
un ennemi qui se multipliait avec les victoires qu'ils remportaient sur lui. Cette con-

duite, qui tenait à la pensée de donner à la France des limites naturelles, leur fit tout entreprendre pour exécuter un dessein d'où dépendait désormais son indépendance. L'assemblée, dirigeant les mouvemens et les opérations des armées, leur facilita par ses plans de campagne l'envahissement des pays frontières, réparant ainsi une partie des maux que sa conduite faisait dans l'intérieur.

Dans ses victoires, aussi rapides que la marche de ses armées, la France éprouva quelques défaites et quelques disgraces ; des villes frontières ouvrirent leurs portes à l'ennemi ; Toulon reçut dans ses murs les armées combinées anglaise et espagnole ; la bataille de Nerwinde la força d'évacuer en grande partie la Belgique ; Naples se déclara ennemi ; et dans quelques départemens de l'ouest la guerre civile désola une grande étendue de pays, et paralysa une partie de ses forces. Mais les armées françaises, instruites par leurs premières défaites et soutenues par le souvenir de leurs premiers triomphes, montrèrent bientôt qu'elles avaient déjà acquis cette supériorité de courage et d'intrépidité qui les firent toujours vaincre depuis.

L'ennemi, battu, découragé, abandonna

les places où il s'était ménagé des intelligences : les Français se rendirent maîtres une seconde fois des provinces belgiques. Ils s'emparèrent de plusieurs villes sur la rive gauche du Rhin. Les Anglais et les Espagnols évacuèrent Toulon, où s'annonça le capitaine qui devait fixer les destinées de la France, et décider du sort des nations.

Tandis que les armées françaises remplissaient l'Europe du bruit de leurs exploits, forçaient son admiration par leur valeur et leur dévouement, et ouvraient les premiers tems de la gloire nationale, la France était livrée au plus affreux despotisme. L'étranger, qu'avait effrayé le pouvoir du farouche Robespierre, instruit de la faiblesse de l'assemblée sous sa tyrannie, voulut profiter de la réaction que son supplice occasionna; il mit plus d'activité dans ses intelligences avec les mécontens, et redoubla d'efforts : mais la victoire, qui n'avait pu faire pâlir le génie féroce de Robespierre, le consterna de nouveau.

La guerre que l'Europe continuait contre la France fut moins alors une conspiration contre son indépendance et l'intégralité de son territoire que contre les idées nouvelles de liberté qui agitaient les Français. Ce ne fut plus tel gouvernement qu'il leur plut établir qui inquiéta les cours, mais les forces que lui assuraient sa population et ses ressources, l'industrie de ses habitans, la bonté de son sol, et les avantages incalculables que la France pouvait en retirer, et ce qu'elle pouvait entreprendre si elle naturalisait chez elle les principes de sa révolution.

Maîtres des provinces belgiques, les Français le furent bientôt de la Hollande, qu'ils conquirent dans un hiver très-rigoureux. (1) La prise de plusieurs points importans sur la rive gauche du Rhin leur assura ces conquêtes, et divisa les forces de l'ennemi, qui craignit qu'ils ne passassent le fleuve et pénétrassent en Allemagne. Entrés dans la Savoie et le pays de Nice, rien ne les empêcha plus de franchir les Alpes, et de s'avancer en Italie, où Naples, Rome et la Toscane s'étaient déclarées ennemies. (2)

---

(1) La cavalerie française s'empara de la marine hollandaise, retenue par les glaces.

(2) Une suite non interrompue de victoires et de conquêtes dans les deux savantes campagnes de 1793 et 1794 apprit à l'Europe tout ce que la France pouvait entreprendre.

Si des causes qui tenaient à un vice dans l'administration intérieure firent ensuite perdre pour un moment une partie de ses avantages à la France, une cause supérieure à tous les obstacles, l'amour de la gloire et l'indépendance de l'Etat, rendit toujours vains les efforts des coalisés ; aussi malgré les troubles de l'intérieur les armées françaises furent victorieuses. L'exaltation des passions, qui faisait tant de mal en France ; ayant un autre motif dans le soldat, cette exaltation fut dans les armées toute dans le sentiment de la défense et de la gloire de la patrie.

L'étranger, accoutumé à sa vieille tactique, ne pensa jamais à changer sa manière de combattre : les Français en adoptèrent une plus conforme à leur caractère, à leur impétuosité naturelle. Les armées ennemies étaient composées de corps de plusieurs nations, ce qui nuisit toujours à l'ensemble de leurs opérations : les armées françaises, formées de nationaux, étaient mues par un seul sentiment. L'étranger ne savait pas même récompenser les services de ses troupes ; et la France par ces seuls mots, *l'armée a bien mérité de la patrie*, sut récompenser le courage de ses soldats et les victoires de ses généraux. Ces lois rénumératoires portaient l'enthousiasme de la gloire dans toutes les armées, qui, du nord au midi, de l'est à l'ouest, rivalisèrent d'efforts pour mériter cet acte de gratitude nationale. Cette manifestation de la reconnaissance publique pouvait seule égaler la grandeur et l'importance de leurs services ; elle était la seule monnaie dont on pût dignement payer leur valeur sans bassesse et sans avarice.

Sans alliés, et seule contre une partie de l'Europe, la France avait repoussé l'ennemi de son territoire, et porté la guerre dans ses propres provinces. Maîtresse des pays qui l'avoisinaient, elle en consulta les peuples sur leur incorporation, respectant le droit naturel de chaque nation de prononcer sur ses destinées. (1) Par une politique sage elle les fit jouir de ces propres droits, et ces

---

(1) Les peuples qu'elle avait soumis, quoique dépendans des États en guerre avec elle, avaient le droit de demander une réunion que les événemens de la guerre rendaient nécessaire. La cession formelle qu'elle en obtint par la suite ne fut qu'une formalité politique.

peuples se trouvèrent participer par leur incorporation à des avantages auxquels ils ne pouvaient plus prétendre par suite d'événemens qui les avaient rendus en quelque sorte indépendans. Par ces réunions la France recula ses limites, et s'y concentra, et elle obtint une augmentation dans sa population, ses produits et ses revenus, qui ajouta à sa force, à ses richesses et à sa puissance ancienne sans les affaiblir, parce que par leur position même ces réunions, étendant ses côtes et assurant ses frontières, urent une nouvelle force qu'elle acquit.

Ces premières conquêtes, dues au dévouement le plus héroïque, à la constance la plus inébranlable dans les privations, les fatigues et les dangers, à la valeur de troupes déjà vieilles et disciplinées, aux talens de leurs capitaines et au souvenir même de victoires rapides, assurèrent dès lors l'indépendance de la France.

En admettant ces peuples à vivre sous ses lois et à devenir parties intégrantes de son territoire et participant à tous ses avantages, la France les enchaîna par les liens les plus forts qui unissent un peuple vaincu à son vainqueur; car rien de plus puissant pour faire oublier la différence de mœurs, d'usages, de langage et d'habitudes que cette fusion qui de deux peuples n'en fait plus qu'un. C'est par de telles conquêtes qu'un peuple mérite bien de l'humanité. Ce fut par cet exemple utile que la France acquit une gloire aussi belle qu'inaltérable dans la mémoire des siècles.

La France n'avait pris les armes que pour la défense de son territoire. (1) Si par suite des événemens militaires qui la détournèrent du but qu'elle s'était d'abord proposé de repousser une injuste aggression, et de ne point permettre à l'étranger de se mêler de son intérieur, elle fit des conquêtes et étendit ses limites, c'est qu'il lui fallut assurer ses anciennes frontières, partout ouvertes, et se mettre dans une position qui la fit désormais respecter. En prenant une attitude offensive elle ne s'écarta pas du motif qui l'avait fait recourir aux armes, sa sûreté et son indépendance. Plus l'Europe, aveuglée

____

(1) Elle était dans le cas de légitime défense, seul cas, et celui de la défense des alliés, qui soit juste. Son but et son motif, choses premières à considérer dans la guerre, furent conformes à la justice.

par son ambition , fit ensuite d'efforts contre cette même indépendance , plus la France prouva par sa conduite qu'elle ne combattait que pour elle et la liberté de son commerce.

Comme on ne peut être aggresseur que par cupidité , et conquérant que par ambition , les coalisés en attaquant la France ne furent plus dans le cas de légitime défense ; et la France , dont ils troublaient encore l'intérieur et compromettaient l'existence et le commerce , put dans sa juste défense leur faire tous les torts d'une repression légitime , appeler même d'autres peuples à sa défense. (1) Cette conduite justifia sa politique quand ses victoires et le dévouement de ses armées forcèrent l'admiration des puissances ennemies.

Les Etats-Unis d'Amérique (2) envoyèrent des plénipotentiaires féliciter la France sur

––––––––––

(1) Comme elle le fit en détachant quelques peuples dont elle se fortifia, et auxquels il importait le plus pour leur propre sûreté que la France ne succombât pas.

(2) Que la France vingt ans avant avait aidé à secouer le joug de l'Angleterre.

ses glorieux travaux, et resserrer les nœuds de leur ancienne amitié. La Suède se retira d'une ligue dans laquelle l'avait fait entrer le caractère chevaleresque de son roi, (1) et son ministre fut chargé de rétablir la bonne intelligence entre les deux peuples. La Toscane, liée malgré elle à la coalition, craignant encore plus la vengeance de la France victorieuse que les menaces de l'Angleterre, s'empressa de rétablir sa neutralité par un traité, le premier traité depuis ces guerres. La Prusse, humiliée par ses défaites et dégoûtée d'une guerre sans avantages certains, dans laquelle elle avait inutilement dissipé ses trésors et affaibli ses armées par les maladies et des combats continuels; jalousée par l'Autriche qu'elle jalousait à son tour, demanda une paix qu'elle fut contente d'obtenir de la politique de la France. (2) La

---

(1) Assassiné par les intrigues de quelques nobles.

(2) A laquelle il importait de diminuer le nombre de ses ennemis. La défection de la Prusse, plus importante que celle de la Toscane, en fit une ennemie des coalisés qu'elle abandonnait, et fut un premier hommage à la valeur française. Il importait plus à la Prusse de consommer le partage de la Pologne, à

Hollande, envahie et toute entière à la dis-
position des Français, sauva son apparence
d'indépendance par un traité d'alliance offensive et défensive qui lui garantit son changement de gouvernement, et devint leur
auxiliaire. Venise envoya des ambassadeurs.
La Hesse, sous la médiation de la Prusse
pacifiée, négocia sa paix ; et l'Espagne, craignant pour ses provinces et sa capitale, dont
les Français s'approchaient, s'empressa de
traiter.

La France montra par ces traités qu'elle
était prête à poser les armes du moment
que les puissances belligérantes seraient dis-
posées à vivre en bonne intelligence avec
elle, et ces puissances trouvèrent toujours
en elle plus de modération qu'elles ne devaient espérer d'après la guerre injuste qu'elles
lui faisaient.

Elle les força à des paix partielles. Par
cette politique sage alors, et qu'elle suivit
jusqu'aux tems où le génie de son plus grand
capitaine allait réformer le système politique

---

moitié démembrée, que de rester un auxiliaire de
l'Autriche, et de vouloir lutter contre l'énergie de la
France.

de l'Europe, elle sut démembrer la coalition, s'en fortifier, et circonvenir les grandes puissances, abandonnées ainsi à leurs propres forces.

La défection de la Prusse et de l'Espagne étonna l'Europe sans rien changer aux projets des coalisés, encore armés, ni ralentir leurs armemens : en vain des paix particulières annoncèrent aux nations les triomphes des armées françaises, qui les affermissaient par de nouvelles victoires ; l'Angleterre et l'Autriche cherchèrent de nouveaux alliés contre la France, sans s'apercevoir que son énergie augmentait en raison de leurs efforts et de ses propres troubles intérieurs.

Tandis que la France, victorieuse d'une partie de ses ennemis, assurait son indépendance, et annonçait le peuple qui devait un jour dicter la loi à l'Europe, la Pologne, en proie à ses propres divisions, et victime des dissensions de sa noblesse, succomba sous ses efforts inutiles contre la Russie, l'Autriche et la Prusse, pour conserver une liberté cause de son anarchie. (1)

____

(1) Le premier partage de la Pologne n'avait été

Passant le plus souvent les bornes de la modération et de la sagesse, l'assemblée avait sacrifié tout pour sauver la France. Sans confiance publique, environnée du mépris ou de la haine qu'on portait à un grand nombre de ses membres ; sans argent qu'un papier-monnaie sans valeur, et dont la quantité, cumulée sans politique, avait jeté la désolation dans les familles, et ôté tout crédit à l'Etat ; sans armées organisées ou pleines de méfiance en leurs chefs ; sans généraux en qui se confier, plusieurs ayant déjà trahi ; sans approvisionnemeus de guerre, elle sut créer en quelques mois quatorze armées, et envoyer un million d'hommes à la défense commune. Elle força

---

qu'un moyen plus sûr d'opérer ensuite sa dislocation totale, et l'entier démembrement d'un pays partout ouvert et voisin des frontières de la Russie, de l'Autriche et de la Prusse, ses ennemies naturelles. Les rivalités de ses nobles, qui étaient tout, l'esclavage et l'humiliation de ses peuples, la dépendance où s'était mise la Pologne en laissant l'étranger se mêler de ses affaires intérieures, furent les causes de sa faiblesse et de sa décadence. La Pologne, qui avait alors plus à souffrir de l'indépendance de ses nobles que de sa suggestion étrangère, cessa d'être une puissance.

les sépultures pour en retirer le plomb qui couvrait les dépouilles mortelles des grands et des riches, et le faire servir contre l'ennemi. Elle requit les bras et les fortunes des citoyens, repoussa l'étranger au-delà des frontières, porta la guerre dans ses provinces, incorpora des peuples voisins, et força à la paix une partie des coalisés sans crainte du nombre des ennemis que la mort de Louis fit se déclarer ouvertement, exigeant de ses généraux la victoire sous peine de mort, joignant la politique à l'audace et à l'énergie, elle prépara dans ses plans de campagne, aussi vastes que profonds, cette suite de combinaisons politiques et militaires qui assurèrent à la France ses victoires : plan tellement bien conçu qu'elle n'en laissa pour ainsi dire que la suite de l'exécution au gouvernement qu'elle institua. Cette conduite, dont aucune assemblée n'avait jamais donné l'exemple, avait exalté le sentiment de la gloire, qui est tout dans une nation éminemment guerrière.

Extrême dans le bien et dans le mal, son exemple encouragea les hommes turbulens. La cause en était dans sa formation et dans la nature de ses pouvoirs. Composée d'hommes des partis qui se disputaient le droit de dominer, ses séances furent l'arène où ils se livrèrent des combats journaliers pour une autorité qui n'était plus que celle des partis ; réunissant en elle le pouvoir législatif, le gouvernement et dans beaucoup de cas la justice, autorité monstrueuse, rien ne s'opposa à ses volontés. Tout à la fois faible et audacieuse, pusillanime et énergique, timide et violente, elle fut constamment le jouet des passions les plus exaltées. Divisée par les partis, déchirée par les factions, mutilée dans son propre sein, comprimée par la terreur dont elle frappait tous les Français, les maux qu'elle fit ou qu'elle laissa faire furent passagers par les causes mêmes qui les avaient produits ; mais le bien qu'elle opéra influa sur les opinions et sur les destinées de la France.

Ces mêmes hommes, qui eurent tous les pouvoirs, qui disposèrent de toutes les richesses de l'Etat, qui commandèrent à l'opinion sans en redouter la censure pour leur gestion, ne songèrent pas à s'enrichir. Avides de pouvoir et non de richesses, tout entiers à leurs partis, ils portèrent le désintéressement et la probité dans le désordre et les troubles publics, et eurent une certaine grandeur jusque dans leurs excès.

La violence même de la domination de l'assemblée avait étourdi mais non avili les Français. La France voyait ses armées triompher de ses ennemis, et apprenant chaque jour avec effroi que le sang des citoyens coulait dans la guerre civile ou par des assassinats juridiques ; trahie par beaucoup de ceux qui avaient sa confiance, couverte d'échafauds et de trophées, entendant publier chaque jour des listes de proscription, des arrêts de mort et le récit de nouvelles victoires, le sentiment de ses maux présens lui laissait la volonté et l'espoir de les terminer ; un pressentiment en indiquait le terme, et ce pressentiment était l'effet du changement qui s'était fait dans les opinions.

La révolution avait déjà donné aux esprits un essor jusqu'alors inconnu et une autre tendance ; brisant toutes les entraves qui s'étaient opposées au perfectionnement des conceptions de l'esprit et à l'avancement de la raison, elle étendit le domaine de la pensée, et recula les limites des connaissances humaines. Les nombreux changemens opérés dans l'intérieur de la France en firent bientôt naître un dans l'intelligence de l'homme, les progrès de la civilisation recevant une influence directe des progrès des sciences , comme celles - ci des progrès de la civilisation. Dès lors l'étude toute particulière des sciences , véritablement les connaissances humaines , par une autre direction donnée aux esprits , fit abandonner les théories pour le positif, et remplaça, heureusement pour la raison , le goût jusqu'alors exclusif des choses d'imagination. Les hommes sentirent la nécessité impérieuse de ne s'attacher qu'au positif et de n'admettre que des faits. L'humanité se ressentit de cette révolution dans les conceptions de l'esprit. Les sciences devinrent des moyens journaliers d'application aux besoins de la société. L'industrie se perfectionna, se multiplia , et ses produits, plus à la portée de tous, augmentèrent les richesses de l'État avec les aisances de la vie. Les arts redevinrent une imitation vraie et choisie de la nature. La tribune retentit de l'éloquence tantôt mâle, tantôt sage des députés de la France. Des écrits utiles et fortement pensés répandirent les lumières dans toutes les classes ; et on ne vit plus en sciences physiques, en gouvernement et en législation de ces systèmes où, tournant dans le cercle toujours à peu près semblable des mêmes idées, les écrivains n'avaient fait que rappeler les erreurs qui les avaient précédés, en y ajoutant toujours leurs propres erreurs. A la voix du législateur des savans allèrent mesurer le méridien terrestre, et, par des calculs aussi ingénieux que profonds, établirent un système uniforme de mesures. Ainsi s'annonçait et se préparait le dix-neuvième siècle, tems où le génie tutélaire de la France, secondant l'élan donné aux esprits par les événemens, leur imprima une direction plus sûre et plus marquée encore.

Les assemblées nationales constituante et conventionnelle, les plus célèbres dans nos annales, mais les plus agitées par les passions de leurs orateurs, les plus divisées par les partis, et placées dans les circonstances les plus difficiles et les plus orageuses ; composées de plus d'hommes instruits, probes, désintéressés, zélés pour la chose publique, et de plus d'hommes audacieux, exagérés, ardens, qui se poussaient à la faveur des troubles pour dominer l'Etat, jetèrent les premiers fondemens l'une des lois et l'autre de la gloire nationale, qui devaient ensuite, par le génie et la politique de Napoléon Bonaparte, rendre à jamais la France illustre et faire le bonheur des nations.

A la puissance discrétionnaire d'assemblées délibérantes succéda un ordre régulier : par les nouvelles lois politiques le pouvoir législatif fut remis à deux conseils, (1) et le gouvernement confié à une commission de cinq directeurs. (2)

Depuis la fondation de la république beaucoup avaient adopté les idées nouvelles comme plus conformes à l'ordre social, et surtout à la liberté publique. Si la puissance illimitée de l'assemblée conventionnelle avait porté l'effroi dans les esprits, si on ne se rappelait qu'avec crainte une telle puissance, un très grand nombre aussi était justement effrayé des maux inséparables de la monarchie, et ne voyait que la difficulté presque insurmontable de circonscrire le pouvoir d'un seul par les lois. Les vices et les abus du

—————————————

(1) L'un, composé de cinq cents membres, avait la proposition des lois ; et l'autre, dit des Anciens, composé de deux cent cinquante membres, avait l'admission ou le rejet des lois proposées par l'autre conseil ou le gouvernement. Il ne faut pas confondre les assemblées nationales avec ces conseils législatifs et le corps législatif qui les remplacèrent.

(2) En 1795.

gouvernement royal étaient encore présens à la mémoire de tous les gens de bien ; l'on ne pouvait regarder comme gouvernement, les trois années de la dictature de la Convention, et rejeter sur l'institution républicaine tous les excès dont on avait été témoin. Dans ces deux extrêmes l'institution d'une autorité légale fut donc pour les amis de l'ordre un espoir qu'ils saisirent avidement comme une sauve-garde pour l'Etat. Le plus grand nombre de ceux qui s'attachèrent au nouvel ordre de choses était probe, éclairé et bien intentionné ; (1) et les destinées de la France eussent été dès lors fixées si indépendamment des partis la stabilité eût été dans la nature d'un tel état de choses.

La république serait le beau idéal de la

---

(1) C'est une chose remarquable que ceux qui défendirent le nouveau système par leurs écrits avaient presque tous des talens, des lumières, et que quelques-uns furent des écrivains profonds, tandis que ceux qui l'attaquèrent montrèrent dans cette lutte la plus insigne mauvaise foi et l'ignorance la plus complète des premières notions des sociétés, jointes à l'absurdité des prétentions.

société et l'institution par excellence si les passions des hommes n'en altéraient nécessairement la pureté : comme gouvernement comment concevoir la multitude agissant sur elle-même ? Un ou plusieurs chefs ont toujours eu l'exécution des lois. La république est la chose de tous, et elle n'est que dans la monarchie légale. Mais alors le mot en impose à la multitude, pour qui trop souvent les mots sont tout. Chacun regardant le système établi comme sa chose propre, les Français firent pour la république ce que le monarque le plus absolu n'eût osé demander à ses peuples.

Chaque changement dans l'administration intérieure de la France fut pour l'étranger un nouveau motif d'espoir. Attentif à chaque secousse qu'elle éprouvait, aux avantages que remportaient alternativement les partis qui la divisaient ; recueillant avidement tous les bruits, ses espérances se manifestèrent ou se turent, selon les événemens qui s'y passaient, parce qu'il ne savait se rendre compte des causes et en prévoir les résultats possibles. Etonné, effrayé même quelquefois de la résistance opiniâtre des Français, mais se méprenant sur les moyens de cette résistance,

il crut toujours pouvoir obtenir par sa persévérance ce qu'il avait entrepris par ambition.

Abusé sur l'esprit qui était en France, sur
le changement qui s'était déjà fait dans les
opinions du plus grand nombre, et malgré les
conquêtes rapides des armées françaises, la
défection de la Prusse et de l'Espagne, la
neutralité de la Toscane, de la Suède et
d'une partie du nord de l'Allemagne, il
continua la guerre comme pour attendre des
événemens favorable à sa cause.

Plusieurs années de guerre n'avaient pu
encore apprendre à l'étranger que, quelle que
fût la différence des opinions en France,
un seul sentiment animait les Français ; la
crainte d'une domination étrangère. Chacun
sentait vivement les maux de l'Etat ; mais le
pouvoir étranger était plus insupportable
encore pour tous. On n'ignorait pas que ce
n'était pas pour le rétablissement des Bourbons que la guerre se faisait, et les partisans
sensés de l'ancienne dynastie redoutaient
avec raison leur retour et leur vengeance.

L'étranger né pouvait compter dans l'intérieur que sur un petit nombre de nobles
restés et quelques mécontens qui auraient

volontiers sacrifié l'Etat à leur orgueil et à leurs intérêts.

L'envahissement de ses provinces, le murmure des peuples, la perte de ses trésors, la défection de ses armées, l'inhabileté de leurs chefs, le découragement de ses troupes, le démembrement de la coalition, la jalousie et les intérêts opposés des coalisés, la crainte d'être lui - même subjugué purent seuls le convaincre de la nullité de ses efforts, lui ôter tout espoir dans la suite, et lui faire demander une paix dont il avait besoin, et qu'il fut toujours étonné d'obtenir de la générosité de la France.

Dans la guerre que la France était forcée de faire depuis quatre ans elle avait eu l'avantage d'éloigner l'ennemi de ses frontières, d'établir ses armées et de les faire subsister dans ses provinces, d'avoir détaché quelques Etats de la coalition, et augmenté ses forces d'une partie des siennes, d'avoir enfin des troupes aguerries et des officiers habiles.

Maîtresse d'une grande partie de la rive gauche du Rhin et des pays sur ses frontières au nord et du côté de l'Italie, la France entreprit de porter la guerre en Allemagne même , d'y attaquer l'Autriche , chef de la coalition continentale , et de pénétrer en Italie , pour lui détacher les petits Etats qu'elle dirigeait par sa prépondérance et son voisinage.

Si les premières campagnes avaient été faites avec l'enthousiasme de la liberté et le sentiment de l'indépendance, elles le furent alors par le talent réuni à la valeur et à la discipline. Les combinaisons militaires, la science des marches, des sièges et des campemens, l'impétuosité naturelle aux Français montrèrent en eux autant d'habileté que de courage, et les firent vaincre des ennemis qui n'opposaient toujours que leur vieil art de la guerre, et souvent leur découragement.

Alors parurent deux généraux qui n'avaient encore servi que dans les rangs inférieurs, et qui s'étaient élevés par leurs services : Bonaparte eut le commandement de l'armée qui devait franchir les Alpes et se répandre en Italie ; Moreau celui de l'armée qui devait passer le Rhin et se porter en Allemagne. Dès leurs premières actions ils fixèrent l'admiration de l'Europe parmi cette foule de héros qu'enfanta la guerre, et les succès les plus étonnans et les plus rapides furent dus au choix qu'on fit de ces deux capitaines.

Tandis que Bonaparte, jeune, actif, entreprenant, audacieux, fondit comme un éclair sur l'ennemi, l'effraya par l'impétuosité de ses mouvemens, lui déroba ses plans et sa marche par la brusquerie de ses combinaisons, s'avança en conquérant dans le nord de l'Italie, et par des combats journaliers, qui furent autant de victoires, soumit le pays, et força en quelques mois Turin, Modène, Parme, Rome et Naples à des armistices changés presqu'aussitôt en traités, Moreau, trompant l'ennemi, passa le Rhin, pénétra dans l'Allemagne, s'y établit, força les défilés de la Forêt-Noire, envahit la Souabe et une partie de la Bavière, contraignit Wurtemberg, Bade et la Bavière à la paix, et fit sentir à l'Autriche, qu'il priva de ses alliés naturels, la crainte qu'elle avait précédemment voulu inspirer à la France.

Les coalisés virent leurs provinces en partie envahies. Chaque mois un membre de la ligue les abandonna ; et si la France apprit chaque jour avec fierté et surprise une nouvelle victoire, l'Europe apprit avec l'étonnement

de la crainte les rapides progrès des Français.

Le séjour d'une armée française en Italie y
fit germer des principes de révolution ; encou-
ragés par sa présence , les habitans du nord
de cette presqu'île manifestèrent le vœu de se
rendre indépendans de l'Autriche. Ces peuples
étaient trop sûrs de l'appui de la France pour
ne pas chercher à former un Etat ; et la France
vit avec joie des peuples qui avaient pris les
armes contre elle devenir des auxiliaires dont
elle pût disposer contre les ennemis qui lui restaient. Elle accueillit leurs vœux, encouragea
les uns , intimida ceux qui s'y opposèrent, et
se fortifia contre la coalition de cette nouvelle partie qu'elle en démembra. Elle y fonda
un Etat , qui fut le berceau du royaume
d'Italie.

L'Espagne, mieux éclairée sur ses intérêts
par la tranquillité dont elle jouissait depuis sa
paix avec la France , et par les inquiétudes
que lui donnait l'Angleterre , à qui surtout sa
défection portait ombrage , unit par un
traité d'alliance ses destinées à celles de la
France victorieuse.

Mais la désunion dans le gouvernement en
mit une dans la conduite de la guerre. Moreau

rentra en France pour sauver son armée, qu'un défaut d'accord dans les opérations militaires compromettait, et la ramena tranquillement l'espace de cent lieues sans se laisser entamer et en battant l'ennemi.

L'Angleterre n'avait pris jusqu'alors qu'une part passive à la guerre continentale que son or et ses intrigues avaient allumée et soutenaient : elle avait réservé ses forces pour attaquer la France dans sa marine et son commerce, qui seuls lui importaient. Maîtresse d'une partie des colonies françaises, elle applaudit à la guerre civile qui désolait l'île de Saint-Domingue; mais, victorieuse sur les mers en Amérique, elle ne pouvait, malgré l'or dont elle payait le sang de ses auxiliaires, lui faire sur le continent le mal qu'elle lui causait dans sa marine et ses colonies, non plus qu'à l'Espagne et à la Hollande, ses alliés. Pour y parvenir elle parut vouloir traiter de la paix, croyant le tems qu'elle emploierait en négociations nécessaire pour ralentir l'ardeur des Français, et ranimer l'espoir des coalisés. Mais ses demande furent si exagérées, elle mit tant de lenteur et de mauvaise foi dans ses négociations, que son envoyé, qui avait la mission secrète de s'instruire des forces et des ressources de la France, de semer et entretenir les divisions, de soutenir et de flatter les espérances des mécontens, eut ordre de se retirer.

L'Autriche, restée presque seule, entourée de colonnes françaises prêtes à envahir ses provinces méridionales, et craignant par sa résistance à traiter, d'irriter encore plus un vainqueur ardent, actif et entreprenant, s'empressa de saisir les ouvertures faites par Bonaparte. L'Angleterre, effrayée de sa résolution, renouvela ses intrigues, lui promit d'augmenter ses subsides, et lui fit les plus séduisantes promesses de dédommagemens si elle persistait à rester ennemie. L'Autriche, abusée, rompit son armistice. Informée que les mécontens de l'intérieur s'agitaient plus que jamais et étaient sur le point de réaliser leur criminel espoir de rétablir l'ancien ordre de choses, et de rappeler les Bourbons, elle recommença les hostilités.

Les projets liberticides des mécontens furent déjoués. Les armées, que les conspirateurs, dans leurs espérances coupables, n'avaient pas même respectées, rappelèrent la victoire, qui s'en était éloignée un moment quand les vices d'un gouvernement tracassier et divisé et les intelligences des mécontens avec les fugitifs avaient comme paralysé leurs efforts. Elles sauvèrent la France des complots des royalistes et des fautes d'une administration malhabile. Les ennemis dans l'intérieur succombèrent; la guerre se fit en Italie et en Allemagne avec les succès accoutumés, et l'attente des puissances belligérantes fut trompée.

L'Autriche signa sa paix; la Sardaigne dissimula sa haine par un traité d'alliance; et Venise, dont la France avait eu à se plaindre, ne fit plus une puissance.

La première coalition était détruite. Les petits États de Mulhausen et de Genève demandèrent leur incorporation à la France. Un traité d'alliance et de commerce lia à ses intérêts ceux de l'État qu'elle avait créé dans le nord de l'Italie. La Hollande sous son influence établit son gouvernement sur le modèle du sien. Une révolution en faveur du nouvel ordre de choses se manifesta en Suisse. Un congrès s'assembla à Rastadt pour fixer les indemnités des grands États de l'Allemagne. Les puissances pacifiées parurent vouloir conserver leur état de paix. La France, victorieuse, n'eut plus pour ennemis que l'Angleterre, qui, n'ayant pu la séduire une conde fois par ses négociations , lança un manifeste contre elle , et le Portugal , qui , à sa suggestion , refusa de ratifier son traité.

La conduite de la France dans cette première guerre fut toute en sa faveur. Elle avait repoussé une aggression injuste , et mis de la modération dans ses traités. Vainqueur, elle n'avait rien exigé des Etats vaincus qui pût les humilier gratuitement , et par là elle avait voulu éteindre les haines. Elle n'avait demandé que ce qui était d'une juste repression et importait à sa sûreté. N'exigeant pas par la force , qui ne fait jamais droit , que les Etats pacifiés renonçassent à des avantages qui assuraient leur indépendance , elle aurait rétabli l'harmonie par la confiance si alors la générosité et la modération eussent pu imposer à l'ambition et faire cesser les animosités. Dans ses négociations elle n'avait rien demandé qui pût détruire les intentions dans lesquelles les puissances contractantes paraissaient être , et avait ainsi voulu étouffer les germes de dissension que la guerre entraîne toujours après elle. Elle n'avait point imposé de lois arbitraires aux pays qu'elle avait soumis , et qui , les gênant dans leur commerce et leur industrie , ne fissent que les aigrir et les irriter, et leur donner la volonté ou l'impatience de s'en détacher au premier moment favorable. Elle chercha au contraire à gagner leur estime et leur confiance par sa modération en les admettant à vivre sous ses propres lois, qui leur furent dès lors communes, et à jouir de sa gloire et de ses triomphes. Ils ne furent plus des peuples vaincus, mais des portions de sa population et de son territoire, participant à tous ses avantages, et associés désormais à sa fortune.

Mais l'Autriche, la Sardaigne, Naples, la Toscane et quelques Etats pacifiés de l'Allemagne n'abandonnèrent pas leurs espérances de parvenir à abattre la France, et de venger ce qu'ils regardaient leur humiliation, comme si les traités qu'ils avaient conclus n'avaient point été le résultat nécessaire de la guerre, aussi injuste qu'insensée, qu'ils venaient de lui faire. L'Angleterre par son or et ses agens entretint et flatta leurs espérances.

Elle avait seule profité de la coalition qu'elle avait formée sur le continent : sa marine était considérablement accrue ; plusieurs des colonies françaises, espagnoles et hollandaises

étaient en son pouvoir, et elle venait de
faire librement des conquêtes immenses en
Asie, où elle déposséda plusieurs princes.
Elle avait envahi la plus grande partie de
l'or de l'Europe par son commerce et le
produit de son industrie, et cet or la tran-
quillisait sur l'étendue de sa dette, qu'elle
était forcée d'augmenter annuellement. Par
ses vaisseaux elle dominait les mers, et s'ar-
rogeait des droits de souveraineté, que sa
puissance maritime n'assurait que trop. Ses
flottes fermaient ou ouvraient les ports selon
son bon plaisir, et ses corsaires inquiétaient
le peu de navigation que faisaient la France,
l'Espagne et la Hollande. Contre le droit des
nations et d'après les maximes barbares qui
avaient établi la course maritime dans les
guerres ses vaisseaux visitaient et arrêtaient
les neutres. Restée seule ennemie, l'Angleterre avait eu les avantages qu'elle s'était
proposés en armant le continent. Si elle
pouvait craindre les troubles des catholiques
d'Irlande, et que la France ne profitât de
leur mécontentement, du moins elle pouvait
se confier assez en la puissance de sa marine
pour ne pas craindre les coups de la France
dans ses colonies, et ne rien appréhender

de la descente qu'elle projetait, quoiqu'elle eût envoyé en Irlande quelques troupes, qui n'en étaient sorties qu'après des prodiges de valeur.

La France, qui avait eu l'intention de tromper l'Angleterre par la formation d'une armée sur ses côtes et la tenir en échec, prépara dans le plus grand secret un armement dont l'Angleterre ignorait la destination. La puissance colossale des Anglais dans l'Inde orientale et leur influence en Turquie pouvaient les rendre facilement maîtres de tout le commerce si elle les laissait s'affermir dans l'Asie. Il lui importait de prendre une position qui lui permît d'inquiéter l'Angleterre, et de se soustraire pour jamais au tribut commercial qu'elle avait imposé à l'indolence du reste de l'Europe. Les colonies anglaises en Amérique et en Asie étaient trop bien protégées par la marine de leur métropole pour entreprendre d'en conquérir une partie; il était plus avantageux pour la France d'ouvrir aux nations une nouvelle route pour le commerce avec le Levant, et d'inquiéter ainsi l'Angleterre dans ses possessions asiatiques, possessions auxquelles elle attachait le plus de prix par le grand commerce qu'elle y faisait, et pour en avoir retiré d'immenses richesses.

La conquête de l'Egypte, pays tributaire de la Turquie en Afrique, fut le but de cette sage politique : le soin de cette conquête fut confié à Bonaparte, dont le génie actif et entreprenant et les talens militaires étaient propres à cette sorte de guerre. Sorti de Toulon avec une flotte nombreuse, et accompagné de savans et d'artistes, il s'empara sur son chemin de l'île de Malte, point important pour la sûreté des convois et des communications. Débarqué en Egypte, il s'avança en triomphateur dans l'intérieur du pays, qu'il soumit en peu de mois. Maître de la basse Egypte, il envoya quelques colonnes s'emparer du pays haut, lorsque l'Angleterre, instruite de sa sortie, fit poursuivre la flotte française, et, l'ayant trouvée en rade à Aboukir, la détruisit en grande partie. Le chemin de la France fut fermé à l'armée d'Orient; mais elle était commandée par un général supérieur aux événemens. La perte de sa flotte ne fut que celle de quelques vaisseaux, et elle n'en conquit pas moins toute l'Egypte.

Comme la France soumettait l'Egypte et apprenait non sans surprise les rapides vic-

toires du général qu'elle y avait envoyé, elle
vit se former contre elle une seconde coalition, dont l'Angleterre avait rapproché les
intérêts. (1) Plusieurs Etats pacifiés reprirent
les armes ; de nouveaux coalisés s'unirent à
eux. L'Autriche et Naples traitèrent secrète-
d'une alliance offensive et défensive; la Turquie, mécontente de l'expédition d'Egypte,
pays sous sa dépendance, et où sa puissance était presque méconnue, se déclara
contre la France ; la Bavière, la Suède et la
Sardaigne accédèrent à cette ligue; Hambourg
osa se montrer ennemi ; la Russie joignit
pour la première fois ses forces à celles des
coalisés ; les Etats-Unis suspendirent leurs
relations commerciales ; la Suisse, où s'était
formé deux partis, et qui était liée à la France
par un traité d'alliance, favorisa secrètement

---

(1) Les mécontens fugitifs n'avaient cessé de flatter
l'étranger de pouvoir un jour soumettre la France,
trompant ainsi les cours qui les trompaient. Les illusions de leur coupable délire ne se dissipèrent que
lorsque la nullité dans laquelle on les tenait, les prétentions des puissances et leur propre conduite leur
eurent appris que les coalisés ne se servaient d'eux
que pour leur ambition.

les projets de la ligue ; et à Rome, où toujours à défaut de franchise et de grandeur, on avait employé une politique sombre et astucieuse dans les affaires, les assassinats dans les vengeances, l'ambassadeur français fut assassiné dans une émeute, et cet acte de perfidie et de lâcheté dans un ennemi faible et à peine aperçu parmi les ennemis de la France fut le signal de la nouvelle guerre.

L'Angleterre, cherchant partout des ennemis à la France, les flatta de ses espérances, les paya de son or, toujours prête à les abandonner et à les sacrifier à son ambition particulière. Active dans sa politique, elle était parvenue à former une coalition plus formidable que la première, et recommença une guerre que la paix de l'Autriche avait fait cesser sur le continent : le sang coula de nouveau pour satisfaire la haine, la cupidité, l'ambition.

En attaquant la France l'étranger ne vit pas que les résultats possibles de cette nouvelle guerre devaient être contre lui, quels que fussent les troubles de l'intérieur, tant que les causes de la révolution subsisteraient, et que des hommes dévoués par leur propre intérêt au maintien du nouvel ordre de choses seraient à la tête des affaires. La France avait alors le sentiment de la gloire qu'elle venait d'acquérir pendant ses troubles domestiques, et ce sentiment était tout pour un peuple généreux et brave. Si les Français étaient en général fatigués des tourmentes de la révolution, du moins ils voyaient des troupes déjà vieilles et aguerries et des officiers habiles pour les commander, et ils pouvaient compter en toute assurance sur leur dévouement, sur la population et les ressources de l'Etat. Son territoire s'était agrandi ; cet accroissement avait ajouté à sa force, à sa position et à ses moyens de défense. Les peuples que la France s'était incorporés étaient braves et dévoués à ses intérêts par besoin et par crainte de leurs anciens princes.

D'un côté étaient le dévouement le plus héroïque, la constance la plus opiniâtre dans les fatigues et les dangers, la justice de la défense, le droit légitime de la repression, la politique dans les conquêtes, le souvenir de victoires encore récentes, la valeur du soldat, le talent d'une foule de héros formés sur le champ de bataille, et des traités glorieux, actes publics de modération ; de l'autre, l'aggression la plus injuste , une coalition impolitique , le découragement des gens de guerre , la désertion dans les armées , l'inhabileté de leurs chefs , l'imprévoyance des cours , le défaut d'ensemble et la jalousie , la rupture sans motif de traités accordés avec générosité.

Les principaux Etats coalisés déclarèrent ostensiblement qu'ils armaient contre la France ; mais dans des articles secrets ils traitèrent des avantages qu'ils se garantissaient. Méconnaissant qu'une déclaration de guerre est un acte authentique soumis à toutes les nations , juges légaux des motifs qui engagent des peuples à rompre pour un tems l'harmonie de la confédération générale , et que cet acte public doit être basé sur la juste plainte et la réparation de torts véritables , ces Etats se montrèrent ennemis sans avoir à se plaindre de la foi jurée. (1) Mais alors

____

(1) « Il ne suffirait pas , pour s'ôter l'odieux d'être « regardé comme injuste aggresseur , de couvrir d'une « apparence de justice ses projets hostiles par une « déclaration de guerre qui ne serait qu'une vaine for- « malité d'usage; autant il est de la justice de faire « précéder la guerre d'une déclaration franche de ses

l'ambition avait aveuglé tous les conseils , et
les Etats déclarés contre la France se crurent juges et partis dans leur cause. (1).

La France répondit par des déclarations
franches aux Etats de Naples et de Sardaigne ,
à l'Autriche et à la Toscane ; invitant ainsi
les Etats neutres à être juges des motifs de la
guerre qu'on la contraignit de faire , elle dédai-
gna cette politique qui provient de faiblesse

« plaintes et de ce qu'on s'y propose , autant c'est agir
« contre la foi publique que de stipuler dans les trai-
« tés des articles secrets qui font partie des traités ,
« et qui sont comme n'en étant pas , parce qu'ils ne sont
« pas avoués publiquement. » TRAITÉ DU DROIT NATUREL
ET DU DROIT DES NATIONS.

(1). Les Etats pacifiés avaient été libres de faire la
paix ou la guerre, et de stipuler leurs intérêts selon que
la nécessité la plus impérieuse des lois l'avait exigé ,
et de leurs affaires comme bon leur semblait : c'était
un droit qu'aucun autre Etat ne pouvait leur contester.
Leurs traités avec la France étaient des actes authen-
tiques, quoique particuliers, qu'il avait été en leur
pouvoir de faire, et dont les autres Etats étaient comme
les garans par un principe qui établissait leurs propres
droits. Mais l'ambition, l'orgueil, la crainte et la cupidité dominaient les conseils ; la politique était alors
un mystère, et les destinées des nations étaient abandonnées à des maximes insidieuses et injustes.

ou de mauvaise foi, et n'eut point cette honte déplacée qui met toujours les Etats dans une position pire que celle qu'ils voulaient éviter. (1)

---

(1) «Ces articles secrets, qu'on annonce sans les faire
« connaître, jettent plus d'embarras dans les résultats
« possibles de la guerre. Les Etats neutres ou pacifiés
« qu'on veut épouvanter par ces articles n'ont-ils pas
« suivi attentivement les événemens de la guerre?
« n'ont-ils pas été témoins des succès et des revers? Ne
« doivent-ils pas soupçonner quels sont ces articles se-
« crets, puisqu'il est de leur intérêt de le savoir? On ne
« peut leur imposer, puisqu'ils ont suivi la conduite des
« puissances belligérantes dans la guerre. On ne se
« trompe pas alors, sur les vrais motifs qui ont dé-
« taché tel allié, sur les avantages promis, sur les
« causes de rapprochement, car on sait celles de la
« guerre. La crainte et la méfiance sont ingénieuses;
« elles vont toujours au-delà de ce qu'elles redoutent.
« De là les ombrages, les défiances, les jalousies et
« la guerre, née de la paix même, malheur inévitable
« quand on s'écarte de la justice et de la franchise. La
« faiblesse et l'ambition peuvent seules établir d'autres
« maximes. L'union fédérative des Etats, comme celle
« entre particuliers, est fondée sur l'estime et la con-
« fiance, que détruisent toujours le doute, la méfiance,
« la crainte et la mauvaise foi qu'une telle conduite
« jette nécessairement dans les esprits. » TRAITÉ DU
DROIT NATUREL ET DU DROIT DES NATIONS.

Une conscription militaire fut ordonnée. L'armée d'Italie se porta promptement sur Rome, où le roi de Naples, réuni aux Autrichiens, était entré, pour venger la France d'une cour lâche et assassine. Une révolution éclata dans l'Ombrie à l'approche de l'armée française, pour qui sa conquête fut une marche triomphale. Pour la seconde fois les Français se rendirent maîtres du nord de l'Italie : les Napolitains et les Autrichiens abandonnèrent Rome ; l'armée française proclama l'indépendance de l'Etat romain, et l'institua d'après les lois françaises. Aussitôt elle marcha sur Naples, et s'en empara, ainsi que de la Toscane et du Piémont, qui avait pris une attitude hostile, et dont le prince signa un acte d'abandon à la France. L'armée d'Helvétie entra dans la Suisse, où la France n'eût dû trouver qu'un peuple ami de la liberté et de l'indépendance qu'elle conquérait avec tant d'efforts et de sacrifices, et elle vengea la France de l'oubli d'une amitié qui depuis long-tems avait uni les deux peuples. L'armée d'Allemagne passa le Rhin sur plusieurs points, et se répandit en Souabe et en Bavière. Bonaparte, toujours vainqueur en orient, s'établissait en Égypte, tentait les moyens de la civiliser, et encourageait les travaux des savans et des artistes qu'il y avait conduits.

Les armées françaises, partout victorieuses d'abord, conservèrent leur gloire et leur supériorité accoutumées par des victoires aussi rapides qu'étonnantes, qui jetèrent un nouvel éclat sur la France : mais les vices d'une administration faible, l'incapacité et les petites passions de ceux qui gouvernaient, leurs fautes et leurs jalousies influèrent sur les opérations militaires et sur les ordres que les armées reçurent ; il n'y eut plus d'unité et d'ensemble dans la conduite de la guerre ; les armées, sans rien perdre de leur courage et de leur valeur, n'agirent plus d'après un plan uniforme ; les commandans furent contrariés dans leurs opérations, et quelques-uns destitués sans motif, ce qui nuisit aux succès généraux des Français, sans rien ôter à la gloire et à la supériorité qu'ils avaient précédemment acquise : la victoire cessa un moment de leur être favorable malgré leurs actes réitérés de courage.

Les Russes, venus à marches forcées, joignirent pour la première fois leurs colonnes

aux Autrichiens en Italie, alors principal théâ-
tre de la guerre, et menacèrent la Suisse et le
Piémont. Les Anglais, paraissant aussi pour la
première fois dans la guerre du continent, firent
une descente dans le nord de la Hollande, et se
joignirent aux Russes débarqués au Texel, et
s'y fortifièrent. Les Français et les Hollandais
les forcèrent, après plusieurs combats meurtriers, à capituler et à se rembarquer. Les
Français évacuèrent Naples et l'Etat romain,
et se replièrent dans le nord de l'Italie : maîtres
encore du Piémont et de la Toscane, ils abandonnèrent les gorges du Tyrol, se retirèrent
sur l'Adda, puis sous Alexandrie et Valence,
et prirent leurs positions devant Gênes, où,
acculés à la mer, ils arrêtèrent pendant plusieurs mois les forces réunies de l'Allemagne,
de la Russie et de l'Italie, et où se termi-
nèrent les avantages des coalisés dans cette
seconde guerre. Dans la Suisse, qui par la
nature de son site montueux et escarpé, offre
partout des retranchemens, des défilés, des
gorges et des positions inaccessibles ou inex-
pugnables, la guerre fut le plus opiniâtre ;
le terrein s'y disputa pied à pied ; les positions et les campemens furent pris et repris
aussitôt ; et comme le courage pouvait dé-

cider de la victoire dans des lieux resserrés où l'art et le nombre ne pouvaient presque compter pour rien, elle y fut disputée avec un acharnement qui tenait des guerres civiles. Les Français prouvèrent à l'Europe, dans ces pays si peu propres aux talens militaires, qu'ils avaient la meilleure infauterie et les meilleures troupes.

La guerre ne fut plus pour la France qu'un mélange de succès et de revers. Les puissances, étonnées de ces avantages partiels qui leur donnaient un espoir tant de fois trompé, se flattèrent de venger leurs précédentes défaites, de rentrer dans les pays qu'elles avaient cédés, et de se dédommager par l'entier démembrement de la France : elles célébrèrent avec surprise des succès qui leur coûtaient tant d'efforts.

Les partis avaient rompu en France l'unité d'opinions qui fait l'esprit public : le gouvernement établi ne pouvait durer de sa nature ; ceux à qui il était confié mécontentèrent tous les partis par leur système de contrepoids, et leurs mains malhabiles tinrent les rênes de l'Etat. Les deux conseils législatifs, divisés par leurs petites passions, et, mus par l'ambition de beaucoup de leurs membres, fatiguèrent le gouvernement par leurs tracasseries ; et ceux qui avaient l'autorité secondaire propagèrent le mal par leurs intrigues et leurs opinions. Les mécontens, profitant de toutes les crises de l'Etat, tentèrent de rappeler les Bourbons ; mais si les fauteurs de ce crime politique furent déjoués, (1) leurs partisans ne se montrèrent pas moins audacieux. (2) Les directeurs, sans aucune considération publique, furent continuellement avilis par le parti contraire, et ce manque d'estime envers les chefs du gouvernement ajouta au désordre. La démoralisation augmenta le mal : on ne voulut plus qu'être riche, et pour y parvenir on oublia la bonne foi dans les transactions. L'intérêt personnel et le désir des jouissances devinrent le caractère distinctif de ces tems ; les fortunes particulières furent ébranlées, et la foi publique éludée. (3)

---

(1) Au 18 fructidor.

(2) Selon les événemens on les voyait paraître ou se cacher.

(3) La majeure partie des biens sequestrés avait été vendue ; mais lors du remboursement des rentes, opération bonne en elle-même, et qui était un mal parti-

Beaucoup fuirent les cités, toujours agitées les premières dans les troubles publics ; et le goût de la campagne, si naturel à l'homme, contribua à l'amélioration de l'économie rurale, à l'embellissement et à la commodité des habitations. Plus d'aisance chez les cultivateurs, dont un grand nombre devinrent propriétaires, influa sur la culture. La raison gagna sur la routine ; l'industrie mit des produits plus à l'usage de tous, et donna plus de commodité dans la vie civile, suite de la direction nouvelle donnée aux goûts et aux opinions. On s'occupa quelquefois moins de l'utile que du recherché, ce qui tenait au perfectionnement même des arts. Le desir de jouir et d'être considéré par ses richesses, effet de fortunes rapides, fit que trop souvent l'intérêt personnel fut tout, et que le caractère perdit un moment de sa franchise, parce que les troubles,

---

culier et présent, mais un avantage général pour l'avenir, on eût pu donner ces biens aux créanciers de l'Etat, ce qui eût été un grand bien pour l'Etat et ces créanciers ; car l'administration en fut onéreuse, et la vente non toujours lucrative : les créanciers eussent reçu une valeur réelle, et l'Etat eût pu éteindre entièrement sa dette.

avaient détruit la confiance. Le caractère des Français devint plus réfléchi ; mais une faiblesse morale succéda à l'énergie qu'avait imprimée la convention, et ces secousses politiques fatiguèrent les Français sans avantage pour leur liberté. La France pencha insensiblement vers sa ruine.

Bonaparte revint après dix-huit mois d'absence en Égypte, et son arrivée subite causa une grande sensation : elle parut au plus grand nombre, las de l'instabilité et des vexations d'un gouvernement tracassier, sans capacité ni confiance, un moyen de sauver l'état. (1) Aussi

______

(1) « A mon retour à Paris, dit-il, j'ai trouvé la
« division dans toutes les autorités, et l'accord établi
« sur cette seule vérité que la constitution, à moitié
« détruite, ne pouvait sauver la liberté. Tous les partis
« sont venus à moi, m'ont confié leurs desseins, dé-
« voilé leurs secrets, et m'ont demandé mon appui :
« j'ai refusé d'être l'homme d'un parti. Le conseil des
« anciens m'a appelé ; j'ai répondu à son appel. J'ai dû
« devoir à mes concitoyens, aux soldats périssant dans
« nos armées, à la gloire nationale acquise au prix de
« leur sang, d'accepter le commandement. Je vous avais
« laissé la paix, et je retrouve la guerre ; je vous avais
« laissé des conquêtes, et l'ennemi presse vos frontières ;
« j'ai laissé vos arsenaux garnis, et je n'y trouve pas

grand capitaine que politique profond, à une
célébrité justement acquise dans les combats

« une arme. Les ressources sont épuisées ; on a recouru
« à des moyens vexatoires, réprouvés par la justice et
« le bon sens. On a livré les soldats sans défense : où
« sont-ils les braves, les cent mille compagnons que
« j'ai laissés couverts de lauriers ? que sont-ils deve-
« nus ? Ils sont morts mes compagnons de gloire !
« Cet état de choses ne peut durer ; avant trois ans il
« nous mènerait au despotisme. Nous voulons la répu-
« blique, mais assise sur les bases de l'égalité, de la
« morale, de la liberté civile et de la tolérance poli-
« tique. Avec une bonne administration tous les indi-
« vidus oublieront les factions dont on les fit membres,
« pour leur permettre d'être Français. Il est tems enfin
« qu'on rende aux défenseurs de la patrie la confiance à
« laquelle ils ont tant de droits ! A entendre quelques
« factieux bientôt nous serions tous les ennemis de la
« république, nous qui l'avons affermie par nos tra-
« vaux et notre courage ! Nous ne voulons point des
« gens plus patriotes que les braves qui sont mutilés
« au service de la république. La république a été fon-
« dée par la volonté du peuple français et par le cou-
« rage de ses mandataires ; les victoires des guerriers
« l'ont cimentée. Mes sentimens sont partagés par tous
» les braves qui sont sous mes ordres. S'ils ont fondé la
« république par leur sang, ils sont déterminés à l'affer-
« mir sur les bases de la représentation nationale, de
« l'égalité et de la liberté civile. En vain voudrait-on

il joignait un esprit vif et entreprenant, cette fierté d'ame propre à imposer aux partis qui depuis dix ans désolaient la France ; une conception grande et étendue ; cette inflexibilité de caractère qui subjugue les ames communes, étonne et lasse ceux qui n'ont qu'une prudence et un courage ordinaires. Capable de sonder les plaies de l'état sans en être effrayé, de saisir un grand ensemble sans négliger les parties qui le composent, de tout apercevoir et de tout embrasser, et doué de cette courageuse constance d'exécuter ce qu'il avait résolu, il fut l'espérance de l'Etat ; lui seul pouvait ranimer l'espoir tant de fois déçu, et apporter les remèdes propres à donner une nouvelle vie au corps politique. (1) La France s'a-

---

« rapprocher ce jour d'une autre journée dont l'histoire « nous a transmis le souvenir ; le dix-huitième siècle « ne ressemble en rien aux siècles qui l'ont précédé. »

Nous sauverons la république et la liberté, dit-il à cette époque au conseil des anciens. — Qui nous la garantira ? interrompit un député. — Soldats, s'écriat-il en se tournant vers ses compagnons d'armes, dites je je vous ai jamais trompés quand je vous ai promis la victoire.

(1) On craignait le retour des Bourbons, la domination de l'étranger, et on se rappelait avec effroi la tyrannie de Robespierre.

bandonna à sa fortune. L'Etat avait éprouvé
tant de maux d'une administration faible et
divisée, qu'il sentit qu'il n'y avait qu'un pouvoir concentré qui pût ramener l'ordre ; le
gouvernement lui fut confié avec le salut de
l'état, (1) et l'autorité d'un seul remplaça
l'ambition de plusieurs.

Heureux quand à l'influence des événemens
politiques se joignent le génie et la sagesse
d'un législateur profond qui sait profiter de
leur impulsion pour élever, façonner et re-
créer les esprits !

Le consul donna ses premiers soins à la
guerre. Des puissances ennemies, les unes
avaient rompu leurs traités, les autres avaient
pris pour la première fois une part active à la
coalition. L'Angleterre, dans sa haine, était l'a-
me de cette seconde ligue, dont elle avait excité les intérêts, et qu'elle payait de ses subsides. Pensant que la paix était nécessaire à la
France pour affermir son système social, et
qu'une démarche franche répondrait à la confiance de la nation ; lasse des vicissitudes d'une
révolution dont les avantages étaient toujours

---

(1) Dans le premier consul fut toute l'autorité et
le gouvernement.

incertains ; fière de ses premiers succès, mais
mécontente d'une guerre mal conduite, où elle
venait d'éprouver des revers, auxquels elle
n'était pas accoutumée, le consul s'adressa au
conseil anglais pour faire cessser la guerre
entre ces deux peuples, et par leur paix pa-
cifier le continent. Mais l'Angleterre, que la
guerre enrichissait, répondit que le gouvernement consulaire ne pouvait encore inspirer
de confiance dans sa politique. Les puissances
belligérantes, dans la joie de quelques succès
qu'elles devaient à la division dans l'administration de France , et fortifiées du refus de
l'Angleterre, voulurent pousser la guerre avec
vigueur. (1) Pour forcer à la paix, l'Angle-

---

(1) Les succès constans de la France dans la première
guerre, et l'accroissement de son territoire et de sa population, qui en avait été le résultat, n'avaient pu dé-
tromper l'étranger sur ses illusions de la soumettre.
Son ambition et les passions de ses conseils l'empê-
chaient de voir que la guerre qu'il faisait était injuste,
et sans nécessité, puisque lui ni ses alliés n'avaient été
attaqués par la France, qui avait respecté ses traités,
et dont il n'avait pas reçu d'injures depuis la cessation
des hostilités. « La guerre pour être juste doit être
« nécessitée par l'aggression ou l'envahissement, par
« les torts envers un allié, et ne doit tendre qu'au re-

terre, inaccessible par sa position et sa marine, il fallait la priver de tous secours et en détacher le continent.

Le gouvernement était en des mains habiles et fermes. Le consul fit les changemens nécessaires à la composition des armées, et prit le commandement de celle d'Italie, con-

---

« dressement des griefs. Comme elle est un état violent, « parce que l'agriculture languit, les manufactures « et le commerce éprouvent une stagnation funeste « à leurs débouchés; les préjugés et les haines na- « tionales se fortifient encore, les lois perdent de « leur pouvoir; la liberté des citoyens est compro- « mise, et parce que l'on contracte un éloigne- « ment contraire à l'humanité, on doit même alors « adoucir les maux de cet état forcé; la ruine des fa- « milles, la dévastation des campagnes, le pillage des « cités et des provinces, la misère, les maladies, les « infirmités. — La paix est le lien des nations, la pro- « tectrice de l'agriculture, de l'industrie, du négoce, « des campagnes et des cités, la conservatrice des droits « et de la prospérité des nations. C'est déjà un assez « grand malheur quand la guerre succède à la paix, « puisque même la guerre la plus juste laisse tant de « maux à réparer, sans que l'ambition et la cupidité, « la haine, née de la rivalité, augmentent encore pour « se satisfaire les moyens de se nuire. » TRAITÉ DU DROIT NATUREL ET DU DROIT DES NATIONS.

trée déjà célèbre par ses premières victoires,
et remit à Moreau celui de l'armée d'Allemagne, où ses retraites et ses batailles l'avaient
déjà illustré. La guerre reprit une nouvelle activité; les opérations militaires se firent avec
ensemble, et furent mieux dirigées; et si la
France perdit l'Egypte, (1) les deux capitaines qui étaient à la tête de ses armées
lui garantissaient une prompte pacification
avec ses ennemis.

Le consul franchit les Alpes avec une intrépidité rare et par des moyens extraordinaires,
et se rendit rapidement maître du nord de
l'Italie, où tenaient encore des colonnes de
l'armée française. Moreau repassa le Rhin, et
s'avança promptement dans le pays ennemi. (2) Par des marches savamment conçues

---

(1) Fruit de ses conquêtes en Asie et en Afrique.

(2) La marche du consul en Italie, dont il faisait une
seconde fois la conquête, fut hardie, rapide et audacieuse.
Celle de Moreau en Allemagne, qu'il avait étonnée par
ses conceptions militaires, fut savante. Ils forcèrent à la
paix des ennemis que leurs anciennes défaites, la nature de ces guerres, leurs moyens de défense et leur
nouvelle défection ne pouvaient instruire depuis huit
ans.

et exécutées, par des batailles rangées et des combats journaliers, harcelant et fatigant sans cesse l'ennemi, qui trouva les Français partout où il se porta, et crut leur échapper, les deux armées établirent leur jonction à travers le Tyrol, et s'appuyèrent l'une et l'autre.

Tant d'opiniâtreté et d'aveuglement dans l'ennemi, laissèrent encore en doute ce qu'avait décidé la première pacification continentale, malgré la valeur et les triomphes des Français. Le sort de l'Europe dépendait des succès ou de la défaite de la France dans cette nouvelle guerre; ses destinées, jusqu'alors balancées, furent presque décidées dans les plaines de Marengo, où le consul gagna une bataille rangée, et, profitant habilement de la stupeur d'une déroute complète, accorda à l'ennemi un armistice qui laissa les Français maîtres des points les plus importans.

L'Angleterre, effrayée de la résolution de l'Autriche d'abandonner la coalition, défection qui en entraînait la dissolution, promit de nouveaux subsides si elle persistait, malgré sa position, à rester fidèle aux traités qui liaient leurs causes, ou du moins à ne traiter que conjointement avec elle. L'Autriche, séduite et revenue de sa première crainte des suites de la bataille de Marengo, oublia ses intérêts, et refusa de traiter sans l'Angleterre. Les hostilités recommencèrent en Italie et en Allemagne, comprises dans l'armistice ; les Français s'emparèrent de la Toscane ; et Moreau gagna en Allemagne la bataille de Hohenlinden, qui le rendit maître de la Bavière, le fit menacer Vienne, sur qui marchait l'armée du consul, et força une pacification que la bataille de Marengo avait comme décidée cinq mois auparavant.

Tandis que la France, dans une campagne plus étonnante que les précédentes, et dans laquelle se surpassèrent ses deux premiers capitaines, assurait son indépendance par deux batailles mémorables, Alger renouvela ses traités. Les Etats-Unis, abusés un moment par les intrigues de l'Angleterre, qui avait profité de quelques mécontentemens entre les deux peuples, (1) signèrent un traité de paix et de commerce. L'Autriche, étourdie de tant de revers successifs, pressée de toutes parts par les armées françaises déjà sur son

____

(1) A cause de leur commerce, inquiété par des corsaires français.

territoire, abandonnée de la Russie, qui abandonnait une coalition qui ne lui offrait aucun
avantage, et dont elle ne retirait que la honte
de sa défaite, pour porter ses armes contre la
Perse et ses vues contre la Turquie, conclut
une nouvelle paix. Le corps germanique nom-
ma des plénipotentiaires pour fixer par des
sécularisations les indemnités des Etats d'Allemagne, sous la médiation de la France et
de la Russie. Naples, la Bavière, le Portugal, la Russie imitèrent son exemple. Le continent fut pacifié une seconde fois.

Le consul désira que la France, fatiguée
des secousses et des incertitudes de la révolution, jouît aussi de la paix maritime. L'Angleterre, alors seule ennemie, profita avec joie
de ces dispositions, dissimula sa politique, et
envoya un plénipotentiaire pour traiter de sa
paix conjointement avec l'Espagne et la Hollande, alliées de la France. (1) La Turquie
rétablit son ancienne amitié, un moment troublée. Pour la première fois depuis la révolution
l'Europe allait être tranquille, et la France se
reposer dans la paix continentale et maritime.

L'Europe s'était deux fois armée impru-

---

(1) En 1802.

dement contre la France, et la France, par
cet élan que donnent aux esprits les tems de
troubles politiques, par la valeur de ses armées
et l'habileté de ses généraux, avait repoussé
ses efforts, déjoué ses projets sans crainte du
nombre de ses ennemis. L'Angleterre, sa
rivale implacable, et l'Autriche, qui n'existait plus que par la générosité de la France,
avaient été contraintes de reconnaître le gouvernement d'une puissance qu'elles avaient
voulu anéantir lorsque leur ambition et leur
haine armèrent deux fois l'Europe contre elle.
Les coalisés avaient voulu le démembrement
de la France pour donner la loi au resté de
l'Etat affaibli, et en la recevant d'un ennemi
juste ils furent étonnés de ne perdre que ce
que cet ennemi jugea nécessaire à son repos
et à son indépendance, et de trouver dans sa
générosité une paix rompue sans motif et
sans prudence, et que leur aveuglement leur
avait fait méconnaître.

Pour résultat de tant de combats livrés, de
guerres si opiniâtres, qui enlevèrent deux
millions d'hommes à la population européenne, et ruinèrent quelques pays, les Etats
de Venise passèrent sous la domination de
l'Autriche, qui perdit les provinces belgiques,

incorporées à la France. Le roi de Sardaigne ne posséda plus que l'île de ce nom. Le Piémont, la Savoie, les pays de Nice et de Monaco furent du territoire français ; et les principautés et possessions allemandes sur la rive gauche du Rhin formèrent ses limites à l'est. Le Milanais, le Mantouan, le Modénais, le Bolonais, le Ferrarais et la Romagne composèrent le nouvel État que les victoires de la France avaient fondé dans le nord de l'Italie ; la Hollande et la Suisse furent sous l'influence de la France ; des rapports nouveaux s'établirent dans l'ancien état politique de l'Europe et la France, plus forte et plus respectable qu'avant sa révolution, exerça déjà une prépondérance que ses nouvelles guerres lui assurèrent ensuite. Voilà à quoi aboutirent deux coalitions insensées, huit années de guerre, des haines impolitiques, des passions ambitieuses et imprévoyantes. (1)

----

(1) Accordant des traités presque aussitôt méconnus que signés, parce que la haine et les espérances de ses ennemis subsistaient après la cessation des combats, elle triompha pendant huit ans de leur opiniâtreté, les força à la paix, et, par une suite non interrompue de victoires, recula ses limites au Rhin, à la Hollande et aux Alpes, réunion qui ajouta sept millions d'habitans

L'Europe était pacifiée. La fortune semblait s'être plue à seconder les intentions du consul : toujours vainqueur, l'Europe et l'Afrique étaient pleines de son nom, et le récit de ses exploits dans toutes les bouches : il avait rendu la paix aux nations, et dans ses lois et ses institutions il avait ménagé les mœurs des Français et les opinions du plus grand nombre. Il avait appelé aux emplois beaucoup de ceux qui avaient la confiance publique, ou les avait choisis dans les deux partis. Il avait mis fin aux troubles de la Vendée ; et faisait succé-

à sa population, accrut ses revenus et ses produits ; augmenta sa consommation et ses débouchés. Son courage et sa persévérance, le dévouement de ses armées, qui ne désertèrent jamais leurs drapeaux, les talens de ses généraux, sa modération et sa franchise dans les négociations, sa fidélité dans les traités, qu'elle ne rompit jamais la première, la rendirent invincible aux coalisés, qui ne lui opposèrent que leur aveugle ambition, leur défaut d'union et leur imprévoyance, la défection dans leurs troupes, le découragement de quelques-uns, la jalousie de tous, ce qui ruina toujours leur cause. Chacun de ses ennemis agit dans la cause commune d'après ses intérêts propres : la France n'eut qu'un but ; son indépendance politique et l'accomplissement de sa révolution.

der l'ordre aux désordres trop réels de l'Etat.
Aucun de ceux qui avaient gouverné la France
n'avait eu sa confiance et ne la méritait : étranger aux troubles de la révolution, il pouvait
seul consolider la paix intérieure. Le grand
nom qu'il s'était fait par ses exploits était tout
pour un peuple idolâtre de la gloire militaire,
et la France, fière de la gloire de ses armes,
s'était livrée à sa fortune.

A peine fut-il à la tête des affaires que ses
actes tendirent au rétablissement de la monarchie. Tout le pouvoir était en lui; mais
il n'en avait usé que pour la gloire nationale. La paix de l'Europe, ses victoires et
ses traités glorieux pour la France, son activité infatigable pour les soins intérieurs de
l'Etat étaient des titres à la reconnaissance
des Français, et le sénat lui conféra le consulat pour les dix années suivantes, sans
que le tems voulu par les constitutions fût
expiré. (1) Cette même année il fut nommé
consul à vie, et il ne parut pas avoir dé-
siré ces marques de gratitude publique.

---

(1) Par la loi politique consulaire la durée du consulat
était de dix années, et il fallait une nouvelle nomi-
nation pour conserver la qualité de consul.

La France jouit dans son intérieur d'une tranquillité inconnue, et elle la dut aux soins actifs et à l'infatigable prévoyance de son chef. A l'extérieur elle recueillit les fruits de ses longs sacrifices, et goûta un repos acheté par sa généreuse persévérance. La Suisse réclama sa médiation pour appaiser les troubles qui s'étaient élevés dans son sein ; et la France, exerçant déjà son utile prépondérance, donna d'autres constitutions à ses Etats confédérés. Si Alger osa méconnaître un traité conclu depuis cinq mois, la crainte lui fit aussitôt rétablir sa bonne intelligence. Des troupes furent envoyées à l'île Saint-Domingue pour en changer l'administration ; mais cette fausse politique, qui fit perdre à la France beaucoup de ses vieilles milices et la colonie, ne fut qu'un tort personnel (1) qui n'influa en rien

____

(1) Pour n'avoir pas voulu souffrir que Toussaint-Louverture gardât une autorité qui lui était due pour les services signalés qu'il avait rendus en conservant Saint-Domingue à la France, la colonie se détacha de la métropole, mais sans que son indépendance, non plus que la perte des autres colonies françaises fussent réellement une diminution à sa puissance.

sur les relations des peuples continentaux: rien ne troublait depuis un an la paix eu Europe.

L'Angleterre ne put voir sans jalousie la tranquillité intérieure de la France ; les soins que son chef donnait à son industrie et à sa marine lui portèrent ombrage : elle ne pensa pas sans un déplaisir secret à la prospérité que promettaient à la France ses immenses ressources sous un gouvernement fort et ami de la gloire de l'Etat. L'établissement des Français dans la Louisiane l'inquiéta, et elle rompit la paix jurée. (1) Alors commencèrent

----

(1) Elle recommença les hostilités par la prise de deux bâtimens marchands et sans déclaration de guerre lorsque les Français évacuèrent Saint-Domingue, et allaient prendre possession de la Louisiane, qu'ils avaient autrefois fondée, mais que l'Espagne leur cédait alors pour la Toscane, que la France érigeait en royaume en faveur d'un prince de la maison d'Espagne. L'Angleterre, contente des désastres de Saint - Domingue, estimait ces pertes égales au gain de plusieurs batailles. Mais les Etats-Unis, inquiets du voisinage d'un peuple actif et entreprenant ; ayant offert à la France d'acheter la Louisiane, la France saisit cette occasion d'abandonner un pays

ces guerres qui occupèrent l'Europe pendant douze ans, et décidèrent de la révolution des peuples.

La France arma pour repousser l'injuste aggression de l'Angleterre, et la menaça d'une descente : le consul en fit les préparatifs apparens. Mais l'Angleterre employa le moyen lâche et odieux des conjurations, des complots et des assassinats : ses projets furent déjoués. Ce qu'elle avait tenté pour porter le trouble en France affermit sa tranquillité et sa sécurité. La France savait trop que dans les circonstances où elle était le sort de l'Etat dépendait de l'existence de son chef et de la durée de son autorité. Pour s'ôter toute crainte elle rendit le pouvoir héréditaire dans la famille du consul, qui fut proclamé empereur. (1)

Le pouvoir resta en quelque sorte illimité ; mais dans les circonstances où se trouvait la France il devait l'être pour ramener l'ordre. Bonaparte était dévoué à la chose publique ; il était l'homme de la révolution, et un seul pouvait la terminer. La France avait tout à

---

dont il lui était difficile de prendre possession dans ces circonstances.

(1) En 1804.

craindre des intrigues et de l'or de l'Angleterre pour perpétuer ses troubles intérieurs,
et elle pouvait se fier de son indépendance
à l'ambition de son chef. Si les corps de
l'Etat eussent pu l'entraver il était à craindre
que leurs prétentions contre son autorité ou
la volonté d'une liberté mal assise n'empê-
chassent ce qu'il résolverait pour le salut de
l'Etat. Ce n'est pas lorsqu'un Etat sort d'une
crise politique qui a détruit tout esprit public et fait naître des partis et excité des
ambitions qu'il faut suivre les règles ordinaires, car leur maintien ne ferait que perpétuer les troubles. Si ce pouvoir illimité,
qui fut proprement un grand remède dans
une grande crise, comme à un mal déses-
péré, fut un grand bien, il peut perdre aussi
l'Etat lorsque les choses sont rentrées dans
l'ordre, et que les institutions sont affermies
par l'opinion.

L'Angleterre ne retira de ses intrigues, avec
quelques factieux obscurs, que la honte publique : mais, implacable dans son ambition
et son orgueil, elle attaqua l'Espagne, alliée
de la France, et qui se reposait sur la foi
d'une neutralité qu'elle-même avait reconnue:
Cette conduite indigna plusieurs puissances.

Pour détourner leur attention l'Angleterre prodigua l'or , et mit plus d'activité dans ses négociations et ses intrigues pour former une nouvelle coalition contre la France.

Ce ne furent ni la position insulaire de l'Angleterre, ni la faiblesse de la marine de la France qui empêchèrent la conquête et l'envahissement de l'Angleterre : ce qui permit réellement à l'Angleterre de dominer sur les mers et d'agiter l'Europe, c'est qu'elle n'employa jamais de grandes forces personnelles dans toutes ces guerres, et qu'elle eut l'art d'armer les peuples qu'elle soudoyait , et de composer ses armées de troupes étrangères , réservant ses propres troupes pour sa marine. La France au contraire opposa toujours ses propres forces.

La guerre maritime n'avait été que quelques actions de mer, et la France ne s'en était ressentie que dans son commerce extérieur. Trouvant de nouveaux débouchés pour ses manufactures dans quelques États voisins , elle se vengea en partie du tort que l'Angleterre faisait à son commerce , et se servit de sa prépondérance pour y faire refuser ses marchandises.

L'Angleterre intercepta le passage à ses vaissçaux et à ceux de ses alliés, visita les neutres, comme si les mers n'étaient pas seulement un moyen de passage et de fréquentation, et non la propriété d'aucun peuple en particulier. Ces violences de l'Angleterre inquiétèrent Gênes, dont elle bloquait les ports et interceptait le commerce. Il demanda son incorporation à la France, et la France eut un bon port sur la Méditerranée. Les Génois, presque sans commerce depuis la réunion du Piémont à la France qui y fournissait ses objets de consommation, assurèrent leurs avantages, et furent sans crainte sur les projets de l'Angleterre. L'Etat italien, gouverné par l'empereur, demanda une constitution monarchique, (1) et l'empereur y envoya son beau fils comme vice-roi. (2)

L'Autriche, la Russie, la Prusse et la Suède armèrent secrètement à l'instigation de l'Angleterre. (3) L'Autriche oublia ses anciennes

---

(1). Erigé en royaume en 1805.

(2) Le prince Eugène, fils de l'impératrice Joséphine.

(3) Qui venait de porter un coup à la marine française et espagnole dans un combat où elle avait perdu son amiral, mais dont elle était sortie victorieuse.

défaites, et méconnut une tranquillité achetée au prix de tant de sang, de trésors dissipés et de provinces ravagées. Ces puissances prirent conseil de leur ambition, de l'humeur et des passions de leurs ministres, et formèrent une troisième coalition sur les prétextes les plus légers, qui étaient autant d'outrages à l'humanité. (1) Mais les nations étaient alors les victimes des caprices et des passions de ceux qui les gouvernaient; ils n'étaient pas venus ces temps où le génie d'un seul homme devait changer les destinées de l'Europe et la politique des nations !

Généreuse dans ses traités, et ne profitant pas de l'abattement de l'Allemagne et de l'Autriche pour changer entièrement son gouvernement, cause de son antique anarchie, la

---

(1) « Le sang que la guerre fait couler n'est pas si « abject pour que l'on doive le répandre sans nécessité, « et pour que des passions particulières rompent l'har- « monie entre les Etats : le sang des nations ne doit « être versé que pour leur liberté ou leur indépendance « audehors. La guerre ne doit jamais être regardée « que comme un moyen extrême pour la conserva- « tion de l'indépendance. » TRAITÉ DU DROIT NATUREL ET DU DROIT DES NATIONS.

France avait seulement cherché à mettre un certain ordre dans sa constitution princière fédérative ; elle avait même sacrifié ses propres intérêts à la tranquillité publique en laissant l'Allemagne sous la domination de l'Autriche, quoiqu'elle eût eu plus d'avantage d'avoir pour voisins des Etats qui tinssent leur force et leur tranquillité de leur police intérieure, et non de la faiblesse de leur gouvernement et de leur suggestion. Tant de modération n'avait pu désabuser l'Autriche sur sa vraie situation par rapport à la France; son antique orgueil ne lui laissa voir dans ses défaites que la perte d'une prépondérance acquise depuis long-tems aux dépens du repos de l'Europe, et son ambition humiliée. Elle osa remettre en délibération ce qui avait été décidé à Marengo et à Hohenlinden, et dans son aveuglement elle risqua de se perdre pour redevenir ce qu'elle avait été. La Russie prit une part active à cette nouvelle guerre. La Prusse, ennemie secrète de la France, voulut dans sa politique tortueuse attendre les événemens pour vendre ses services au vainqueur.

Les Russes vinrent à marches forcées se

joindre aux forces de l'Autriche, qui avaient déjà envahi une partie de la Bavière, (1) et s'avançaient sur le Rhin, se répandaient dans la Souabe et la Franconie, s'établissaient dans le nord de l'Italie, et y menaçaient le nouveau royaume de ce nom. L'empereur, cachant sa marche et ses desseins, rassembla tous les corps disponibles, les transporta en moins d'un mois sur le Rhin, passa ce fleuve à leur tête sans s'arrêter à battre l'ennemi qu'il avait en face, et traversa au milieu de ses colonnes. Dirigeant sa course le long du Danube, (2) il s'avança sur Vienne, qui lui ouvrit ses portes, et donna quelques jours après la bataille d'Austerlitz, où se trouvèrent les trois empereurs, et qui décida de cette troisième coalition. L'Autriche, abattue de cette nouvelle défection, traita de la paix dans sa capitale même. (3)

En trois mois l'empereur termina la cam-

---

(1) Sans déclaration de guerre.

(2) Pendant laquelle il y eut quelques affaires partielles. Etonné d'une marche aussi rapide, si extraordinaire, l'ennemi concentra ses forces dans Ulm, où l'empereur fit prisonniers trente-cinq mille hommes, et prit leurs magasins et leurs armemens.

(3) En 1805.

pagne, et la nouvelle ligue disparut plutôt devant lui qu'il ne l'avait détruite. Mais Naples osa se montrer ennemie : l'armée française, victorieuse en Italie des Russes et des Autrichiens, se porta sur Naples ; que son roi abandonna à son approche.

Ces différentes coalitions, formées par l'Angleterre, causèrent la perte ou la ruine de ses alliés. (1) La France, fidèle à ses traités, aug-

---

(1) Par la première l'Autriche perdit la Belgique ; par la seconde ses pays de la rive gauche du Rhin et ses anciennes possessions en Italie ; par la troisième ses dédommagemens en cette contrée, le Tyrol, et ce qu'elle possédait en Souabe et en Franconie, qui fut partagé entre la Bavière, le Wurtemberg et Bade. La première coalition fit perdre au Stathouder les Etats de Hollande, passés sous l'influence de la France. Par la seconde, le roi de Sardaigne perdit ses Etats du continent, qui furent réunis à la France ; et la troisième fit perdre aux petits princes d'Allemagne leur souveraineté, à l'Angleterre l'Hanovre, au roi de Naples ses Etats, et donna à la France Venise, les Etats de Naples, Gênes, Neufchâtel et Vallingen, mit sous sa protection légale la Bavière, Wurtemberg, Bade, Berg et les Etats de la confédération du Rhin. La Russie, par sa position trop éloignée de la France pour en redouter les coups, était entrée dans ces trois coalitions sous le règne des trois princes

menta le territoire de la Bavière et du Wurtemberg, qu'elle érigea en royaumes, (1) celui
de Bade et de Berg. La constitution germanique fut abolie, et une confédération des
Etats du midi de l'Allemagne établie sous la
protection spéciale du chef de la France; (2)
la Hollande, érigée en royaume, qui passa
sous l'autorité d'un des frères de l'empereur
des Français, ainsi que le royaume de
Naples. (3) Les possessions de l'Autriche en
Italie furent réunies au royaume de ce nom.
L'Europe n'avait jamais fait que des conquêtes
dans ses guerres : la France fit des réunions.

A peine cette troisième coalition fut dis-
soute que la politique de l'Angleterre arma
la Prusse, qui s'engagea imprudemment dans
une nouvelle guerre, et la Russie, qui refusa de ratifier son traité. Cette quatrième

---

qui l'avaient alors gouvernée : Catherine, qui n'unit
jamais ses forces à celles des coalisés ; Paul, qui leur
prêta des secours inutiles ; et Alexandre, qui vint être
témoin dans les plaines d'Austerlitz de la défaite et
de la déroute de son armée.

(1) En 1805.

(2) Sous le nom de confédération du Rhin en 1806.

(3) En 1806.

coalition fut encore une occasion de nouveaux triomphes pour la France et son empereur, et de honte pour l'ennemi. Les armées françaises conquirent la Prusse et une partie de la Pologne au milieu de l'hiver, et pénétrèrent dans des pays où les Français n'avaient pas encore porté leurs armes. Des victoires plus glorieuses et plus décisives, des conquêtes plus rapides et plus importantes encore allaient enfin décider des destinées de l'Europe. La Prusse acheta sa paix de la moitié de ses Etats; la Russie conclut un traité avantageux aux deux puissances; la Saxe, que la Prusse avait voulu envahir, fut érigée en royaume, (1) et entra dans la confédération du Rhin; une partie de la Pologne recouvra son indépendance, et un nouvel Etat, le royaume de Westphalie, fut créé dans le nord de l'Allemagne, (2) et gouverné par un frère de l'empereur des Français.

Forte de sa population et de ses ressources naturelles, la France avait brisé pièce à pièce ces coalitions, admis au rang et aux droits de

---

(1) En 1806.
(2) En 1807.

citoyens français les peuples frontières, s'était fortifiée contre ses ennemis d'une partie de leurs forces, et avait établi un système fédératif, qui fut le premier appel des peuples au sentiment et à la connaissance de leurs droits. Les Etats confédérés adoptèrent ou reçurent en partie les institutions de la France. L'Italie, la Pologne et la Westphalie, Naples, la Hollande eurent des lois politiques, basées sur les lois françaises, et un système administratif, judiciaire et militaire en partie conforme au sien.

La France, rentrée dans le territoire de ses fondateurs, étendit son agriculture, son industrie et son commerce : gouvernée par des lois et des institutions uniformes, elle eut l'avantage inappréciable que toutes ses parties ne firent qu'un tout, et que ses trente-cinq millions d'habitans, adonnés à l'agriculture, à l'industrie, au commerce, à la navigation, aux sciences et aux arts, naturellement braves, actifs, hospitaliers et spirituels, qualités qu'ils tenaient de leurs ancêtres, mais qui reçurent plus de développement et d'extension, furent attachés à la patrie commune par les mêmes principes. Les Etats fédérés de la Hollande, de l'Italie., de la Suisse, de la Bavière, de la Saxe, de la Westphalie et ceux de la confédération du Rhin vécurent en paix sous sa protection, rendus chacun à ses avantages naturels et au génie de ses habitans. Ces Etats, différens de position et par la nature de leur sol, se rapprochèrent de la France par leur civilisation, leur police, leur industrie et leurs mœurs. Les peuples étrangers à sa confédération lui empruntèrent quelques-unes de ses institutions; et, prenant ses lois pour modèle, cherchèrent à perfectionner les leurs; mais la France l'emporta par la sagesse et par l'ordre de ses lois, gloire plus durable que celle des conquêtes. Ainsi, après avoir étonné l'Europe par ses victoires et ses conquêtes, après l'avoir effrayée par ses principes, elle l'instruisit par son exemple.

Au-delà des mers le continent septentrional de l'Amérique vit ses dix-neuf Etats fédérés, augmentés de la Louisiane, fleurir à l'ombre de la liberté politique, civile et religieuse, présenter leur exemple à la non civilisation de ces vastes pays, et la barbarie de cette multitude de peuplades, qui les avoisinaient à leur nord, fuir et reculer à l'approche

de leur civilisation par le fréquent commerce d'échange. La patrie du pacifique
Penn , (1) du savant Franklin et du modeste Waghinton , devint le berceau de la
civilisation en Amérique, et offrit à ses parties barbares ses peuples libres , dont un des
fondemens de leur prospérité était dans les
produits de leur agriculture , et dont la population, croissant avec une rapidité inconnue en Europe , et leur existence décidaient
en partie des destinées du nouveau-monde.

L'Angleterre, jalouse des succès de la France, et principalement du système continental
qu'elle établissait, (2) et dont l'affermissement
ne pouvait que lui faire perdre par la suite
celui auquel elle avait voulu assujettir les
peuples , chercha dans sa politique odieuse
à troubler de nouveau l'Europe. Elle vit avec
un déplaisir qu'elle ne pouvait oublier l'influence que la France y exerça , et la perte
d'un grand débouché pour les produits de
son industrie.

----

(1) Il donna son nom à la Pensylvanie, dont il
fut le fondateur et le législateur.

(2) Le système de prohibition fut la guerre la plus
funeste que la France pût faire à l'Angleterre.

La France voulait l'affranchissement de l'Europe, et combattait pour la liberté des mers ; l'Angleterre, ne servant que son intérêt personnel, armait les princes, et payait leurs armées pour son ambition mercantile.

Rien de plus odieux en politique que de se faire des maximes contraires au droit des nations, et de vouloir que ces maximes deviennent la règle générale des Etats ; c'est se jouer de ce qu'il y a de plus sacré ; la justice, l'équité, l'indépendance et la bonne foi. L'Angleterre établit un droit des nations conforme à son ambition, droit qu'elle étendit et interpréta selon les tems et ses intérêts. Sa politique fut toujours horrible, parce qu'elle n'eut pour fondement que sa cupidité. La France eut du moins dans la sienne ce caractère de grandeur qui accompagne les conquêtes, et qui justifie bien des torts.

L'Angleterre se joua toujours des puissances continentales, et les trouva toujours prêtes à servir son ambition. La cause en est qu'elles craignirent encore plus les conquêtes de la France que l'Angleterre ne dominât sur mer, et qu'elle attirât à elle tout le commerce. La suite prouva combien elles furent aveugles dans leur politique ; car si l'Angleterre ne pouvait se rendre maîtresse de leur territoire, comme la France le fit du territoire de quelques-unes d'elles, elle eut l'art de n'en faire que ses colonies, et cette suggestion leur fut plus onéreuse que l'incorporation à la France, puisqu'au moins cette incorporation les fit participer à sa puissance et à son indépendance.

Les pays pacifiés parurent vouloir conserver un état de paix devenu nécessaire pour réparer les maux de leur imprudente politique et de leur aveuglement. L'Espagne, restée dans l'apathie de son système de gouvernement et de religion, et alliée naturelle de la france par sa position, lui portait ombrage. L'Angleterre tourna ses regards cupides sur cette belle contrée, où l'humeur indolente de ses habitans lui promettait une grande facilité pour son industrie et son commerce, et dont le caractère chevaleresque lui assurait les moyens de l'agiter à son gré. La marche d'une armée française sur le Portugal, qui n'avait cessé d'être une colonie qu'elle exploitait au seul avantage de son commerce, ne lui laissait plus aussi d'espoir de dominer la péninsule. Elle mit la désunion dans la famille du prince d'Espagne, souleva le fils

contre le père, qui, trop faible contre le
parti anglais, remit ses droits à la France. La
politique de la France fut d'arracher l'Espagne à l'influence anglaise, et de la maintenir dans son système continental contre
l'Angleterre. Ses armées entrèrent en Espagne,
qu'abandonna son prince et sa famille, s'emparèrent de la capitale, (1) et l'Espagne reçut
un nouveau prince avec des lois basées sur
les lois politiques de France. (2) Le prince
de Portugal, effrayé de l'approche des Français, se retira dans ses colonies d'Amérique,
et y fonda le royaume de Brésil.

L'absence des rois d'Espagne et de Portugal donna l'espoir à l'Angleterre de troubler
ces Etats à son gré, et fut réellement pour elle
un moyen plus prompt d'agiter la péninsule. Elle en souleva les peuples, les excita
contre les Français, et y causa tous les maux
dont ils eurent à gémir dans une guerre de
sept ans, et auxquels ajouta le caractère de ces
peuples dévots, superstitieux, abrutis par

____

(1) En 1808.

(2) Joseph Bonaparte, frère de l'empereur Napoléon,
qui y passa du trône de Naples, où il fut remplacé par
son beau-frère Joachim Murat.

leurs prêtres. Les Français, toujours vainqueurs des Anglais, combattirent avec une valeur, une intrépidité et un dévouement d'autant plus admirables que cette guerre fut plutôt intestine qu'étrangère. Braves, terribles dans le combat, mais bons, généreux, humains, communicatifs après la victoire, ils eurent l'admiration et l'estime des Espagnols. L'Anglais cupide, lâche, taciturne, méprisant et sans foi, fut détesté de l'Espagnol, dont il se disait l'allié et le défenseur.

La péninsule fut dès lors le lieu de l'Europe où la France et l'Angleterre balancèrent leurs destinées. Trop faible dans la lutte, l'Angleterre excita l'Autriche, qui ne craignit pas de se compromettre une quatrième fois. L'empereur quitta Madrid, traversa la France avec sa rapidité accoutumée, marcha sur Vienne, et y donna une seconde fois la paix à son prince. (1)

Le reste du continent, pacifié de nouveau, la réunion au grand empire des Etats romains de la Toscane, de la Hollande, de Hambourg, du pays de Vaud et des provinces Il-

____

(1) En 1809.

lyriennes , l'appel d'un Français au trône de Suède (1) furent une conséquence de la politique de la France , non une atteinte au système de l'Europe.

C'était un mal pour l'Europe et une cause continuelle de ses guerres qu'elle fût anciennement divisée en de grands et de petits Etats sans liens entre eux , puisque ces derniers étaient toujours regardés par les grandes puissances comme des propriétés en litige , qui excitaient la jalousie de toutes. Les gouvernemens , comme le plus grand nombre des hommes , ne sont ordinairement justes qu'autant qu'ils sont dans l'heureuse impuissance de ne l'être pas. D'ailleurs , dans un continent composé de grands et de petits États , ces derniers sont dans la position forcée de ne pouvoir jouir des avantages des premiers , qui ordinairement les avoisinent ; ils sont à charge à eux-mêmes , et accablés de leur propre poids. Les progrès de l'industrie et du commerce sont nuls pour eux , parce qu'ils manquent des moyens nécessaires pour en

____

(1) Le général Bernadotte, allié à la famille impériale.

profiter. Trop circonscrits dans leur territoire et leur population, leur indépendance même les prive de leurs propres moyens de production et de consommation; ils restent toujours en arrière des autres peuples sous le rapport de l'amélioration des lois et des lumières. En effet il est des pays où, à cause de la stérilité naturelle du sol, on donnait plus au commerce qu'à la culture, tels la Hollande, Venise, Gênes, où la navigation et le commerce extérieur y suppléaient en partie; et il en est d'autres qui, comme la Suisse, par leur position semblent exclus en quelque sorte de l'industrie et du commerce. Il n'était pas au pouvoir humain de corriger ces deux vices naturels, car là où les débouchés se font difficilement il y a peu d'industrie; et là où les matières premières manquent il n'y a plus qu'un faible commerce de consommation intérieure. Ces Etats restent ainsi privés de grands avantages, car l'agriculture est le fondement des Etats, l'aliment de l'industrie, et le commerce attire le commerce.

Tant de changemens présentèrent un monde nouveau. Ni l'ancienneté des gouvernemens, ni les habitudes des peuples, ni les opinions accréditées, ni les usages et les mœurs consa-

crés par les tems ne furent une barrière contre cette puissance qui ébranla les empires et
causa la chute des uns , contre cette sagesse
qui en éleva d'autres , et qui les établit sur un
plan uniforme , sage en ses principes , salutaire
en ses effets. La pensée devança dès lors les
tems où les peuples, unis par les mêmes lois ,
n'auraient pas d'autre pacte de leur confédération. (1)

La guerre en Espagne empêcha l'affermissement du frère de l'empereur au trône. Les
pertes des Français n'ôtèrent point aux forces,

---

(1) Véritablement membres de la grande famille humaine, alors seulement il y aura harmonie politique ,
il existera un droit des nations, vainement cherché
jusqu'alors dans des traités partiels. La diplomatie ,
cette science ancienne de la politique des princes , ne
sera plus que la connaissance de la statistique des pays.
La statistique, cette anatomie raisonnée des États. cón-
courra aussi au repos et à la prospérité des nations,
qui, se connaissant mieux alors sous le rapport de leurs
forces, de leurs ressources et de leurs moyens de puissance, quelles que soient leur position et leur force rela-
tives , seront nécessairement plus portées à se respecter
et à s'entr'aider : elles pourront mettre aussi plus de
sûreté dans leurs entreprises et de maturité dans leurs
desseins.

aux ressources et à la puissance réelles de la France; en traînant la guerre en longueur la France vit se consommer inutilement les armées et les trésors de l'Angleterre, livrée à ses propres forces, et l'ennemi des peuples s'épuiser dans une lutte inégale, où en succombant elle vengeait l'Europe et l'humanité des crimes de sa politique.

Son or et ses intrigues détachèrent du système continental la Russie, dont la position livrait le nord à l'industrie et au commerce anglais, et dont la puissance devait entraîner les princes non alliés, et former contre la France une confédération ennemie, opposée à la sienne. Cette défection de la Russie fût une violation de la foi jurée, et un abandon de ses propres intérêts et des intérêts de l'Europe.

Napoléon courut venger le mépris de traités solennels, et planter l'aigle impérial dans Moscou, que le Russes incendièrent à son approche. La Russie vit ses provinces du centre envahies par les Français, lorsqu'elle cherchait encore des alliés de son aveugle politique.

L'armée française sortit victorieuse d'un pays où pour la première fois la France portait ses armes, et se retira sur la Pologne pour la couvrir, et y attendre le printemps. Arrêtée tout à coup dans sa marche par un froid subit excessif, elle fut en partie détruite sans combats, et ramena ses débris fatigués en Pologne et en Allemagne (1).

Un événement aussi extraordinaire et aussi inattendu décida la politique de la Prusse, de l'Autriche et de l'Allemagne ; une cinquième ligue, plus formidable que les premières, se forma contre le France. Les Saxons et les Bavarois l'abandonnèrent sur le champ de bataille, et tournèrent leurs armes contre elle. Moreau parut dans les rangs ennemis, et ternit sa gloire par un grand crime : sa trahison justifia les soupçons que des amis de la liberté de la France avaient dès - long - temps formés sur la pureté de ses intentions.

La guerre devint nationale, et des populations entières se soulevèrent contre une armée épuisée, mais toujours victorieuse malgré leurs efforts. Comme si la France dût alors éprouver toutes les infortunes, les princes de Suède et de Naples, (2) oubliant leur élévation, tra-

---

(1) En 1812.

(2) Bernadotte et Murat, qui devaient tout à l'empereur Napoléon.

hirent l'amitié, la reconnaissance, les intérêts de leur nouvelle patrie ; et se déclarèrent
ennemis. « Peuples du royaume d'Italie ,
« depuis trois mois nous avons été assez heu-
« reux pour préserver d'une invasion enne-
« mie la plus grande partie de notre terri-
« toire ; depuis près de trois mois les Napo-
« litains nous ont solennellement promis
« leurs secours, et comment aurions-nous
« osé nous défier de leurs promesses ! Leur
« souverain est uni par les liens du sang au
« grand homme auquel lui et moi devons
« tout ; et ce grand homme est aujourd'hui
« moins heureux. Confiant dans la parole des
« Napolitains, il nous a donc été permis d'es-
« pérer que les efforts que nous avions faits
« jusqu'à ce moment ne seraient pas perdus,
« et que l'ennemi serait bientôt obligé de se
« retirer au-delà de notre frontière. Peuples
« du royaume d'Italie, le croirez-vous ! les
« Napolitains eux aussi trompent aujour-
« d'hui tous nos vœux et toutes nos espé-
« rances ! Cependant c'est en se présentant
« comme alliés qu'ils ont pénétré sur notre
« territoire, et qu'il leur a été libre d'oc-
« cuper plusieurs de nos départemens ; ce-
« pendant nous les avons accueillis comme

« des frères ; nous leur avons ouvert avec
« empressement et nos magasins et nos caisses
« publiques , et nos arsenaux et nos places ,
« et pour prix de cette confiance , pour prix
« de nos sacrifices , c'est sur la ligne même
« où leurs armes devaient s'unir aux nôtres
« qu'ils tendent la main à l'étranger et lè-
« vent contre nous leurs étendards. L'irré-
« vocable histoire dira sans doute un jour
« toutes les intrigues , tous les ressorts qu'il
« leur a été indispensable de faire mouvoir
« pour égarer un souverain déjà trop distingué
« par sa vaillance pour ne pas posséder aussi
« toutes les autres vertus d'un soldat. Peuples
« du royaume d'Italie , ne nous le dissimu-
« lons pas , la défection des Napolitains a
« cruellement augmenté les difficultés de notre
« situation ; mais , nous ne craignons pas de
« le dire , plus notre situation est difficile ,
« plus notre courage doit s'agrandir. Vous
« vous rallierez donc autour du fils de
« votre souverain ; vous vous confierez
« dans la justice et la sainteté de votre
« cause ; vous marcherez à la voix de celui
« qui vous porte tous dans son cœur , et qui
« n'a jamais eu , vous le savez , d'autre am-
« bition que de concourir de tous ses moyens

« à l'accroissement de votre gloire et à l'af-
« fermissement de votre prospérité. Italiens,
« seuls ils sont immortels, même dans l'es-
« time et dans les annales des nations étran-
« gères ; ceux qui savent vivre et mourir
« fidèles à leur souverain et à leur patrie,
« fidèles à leur devoir et à leur serment,
« fidèles à la reconnaissance et à l'hon-
« neur ! » (1)

Ces désastres parurent à l'étranger une occasion inespérée de tenter un dernier effort contre les entreprises de Napoléon. On exagéra les souffrances des peuples et les maux inévitables de telles guerres, et les princes soulevèrent leurs peuples contre une nation surprise de ses défaites inattendues. Des générations entières vinrent fondre sur la France, conduites par leurs princes, aussi nuls dans les camps que dans les conseils.

Supérieurs à leurs revers, Napoléon et son armée rentrèrent en France. La Suisse, violant une neutralité respectée par la France, livra aux armées alliées d'Autriche, de Prusse

---

(1) Proclamation du prince Eugène, vice-roi du royaume d'Italie.

et de Russie passage par son territoire ; et la trahison leur facilita l'envahissement de plusieurs provinces de l'est, que saccagea en partie une soldatesque effrénée. Les hordes indisciplinées et dévastatrices de la Russie commirent des brigandages dont ces peuples sans civilisation pouvaient seuls encore donner des exemples. Le territoire du grand empire fut aussi profané par les petits princes d'Allemagne que la France avait réunis sous la loi commune et tutélaire d'une confédération, et par le prince de Suède, qui lui devait son trône. Ces armées pénétrèrent par intelligences jusqu'aux frontières de Paris, où des combats meurtriers furent autant de victoires pour les Français et leur empereur. Plus grand dans ses revers, Napoléon rejeta un traité qui n'eût été que l'humiliation de la France : confiant dans la valeur et le dévouement de sa garde et de ses troupes, qu'il avait tant de fois menées à la victoire, digne de la grande nation qui l'avait appelé au trône, il préféra la chance des armes à une paix qui eût fait perdre à la France les avantages de sa révolution et vingt années de gloire.

Les armées alliées allaient être anéanties ;

la trahison les sauva et leurs princes en
livrant la capitale. L'Anglais ramena promptement comme un moyen de guerre civile
les restes proscrits et oubliés des Bourbons,
qu'on présenta comme les princes légitimes ;
et le sénat, en prononçant la déchéance de
l'empereur, ne fut plus qu'un corps de factieux usurpant les droits de la nation.

Napoléon, jugeant sa position et celle de
la France, abandonna un pouvoir qu'il avait
illustré, et qu'il laissait plein de grands souvenirs et sans bassesse. « Officiers et soldats de la
« garde, pendant vingt ans je vous ai conduits
« sur le chemin de la gloire ; pendant vingt
« ans vous m'avez servi avec honneur et fidé-
« lité ; recevez-en mes remercîmens. Mon but
« a toujours été le bonheur et la gloire de la
« France : aujourd'hui les circonstances sont
« changées. Lorsque l'Europe entière s'est tour-
« née contre moi ; lorsque tous les princes et
« toutes les puissances se sont coalisés ; lors-
« qu'une grande partie de mon empire est en-
« vahie ; lorsqu'une partie de la France s'est
« déshonorée j'ai dû céder. J'eusse en per-
« sistant pu résister à tous ces efforts, mais
« j'eusse entretenu la guerre civile au sein de
« notre chère patrie.... Je pleure sur les maux

(173)

« de notre patrie. Officiers et soldats, mar-
« chez toujours dans le chemin de l'honneur,
« où vous m'avez toujours rencontré. Ne soyez
« pas inquiets sur moi ; de grands souvenirs
« me restent ; je saurai encore employer no-
« blement mes momens en les destinant à
« écrire mon histoire et la vôtre. Officiers et
« soldats, qui m'êtes restés fidèles jusqu'au
« dernier moment, recevez mes remercîmens ;
« je suis content de vous : je nepuis vous em-
« brasser tous ; mais j'embrasserai votre gé-
« néral et votre drapeau. Adieu, mes enfans !
« adieu, mes amis ! conservez-moi votre sou-
« venir. — Cher aigle, ajouta-t-ilen en embras-
« sant l'écharpe trois fois avec une vive émo-
« tion, que les baisers que je te donne reten-
« tissent dans la postérité. » (1) Il partit pour
l'île d'Elbe qu'il avait choisie pour sa retraite,
emportant avec lui la gloire, l'indépendance,
la liberté et le destin de la France. Le Français fut sans patrie.

« De longs malheurs ont pesé sur notre pa-
« trie, dit le prince Eugène à l'armée française
« sous ses ordres en Italie. En apprenant la

____

(1) Adieux de l'empereur Napoléon à sa garde à
son départ de Fontainebleau le 20 avril 1814.

« nouvelle de ces grands changemens, votre
« premier regard s'est porté vers cette mère
« chérie qui vous rappelle dans son sein.
« Soldats français, vous allez reprendre le
« chemin de vos foyers. Il m'eût été bien doux
« de pouvoir vous y ramener ! Dans d'autres
« circonstances je n'eusse cédé à personne
« le soin de conduire au sein du repos les
« braves qui ont suivi avec un dévouement
« si noble et si constant les sentiers de la
« gloire et de l'honneur ; mais en me sépa-
« rant de vous d'autres devoirs me restent
« à remplir : un peuple bon, généreux et
« fidèle réclame le reste d'une existence qui
« lui est consacrée depuis près de dix ans.
« Je ne prétends plus disposer de moi-même
« tant que je pourrai disposer de son bonheur,
« qui a été et sera l'ouvrage de toute ma vie.
« Soldats français, en restant au milieu de
« ce peuple soyez certains que je n'oublierai
« jamais la confiance que vous m'avez té-
« moignée au milieu des dangers ainsi que
« dans les circonstances politiques les plus
« épineuses ; mon attachement et ma recon-
« naissance vous suivront partout, comme
« l'estime et l'affection du peuple italien. »
Les malheurs de la France forcèrent le

prince Eugène à abandonner l'Italie, livrée également aux armées alliées. « Peuples du « royaume d'Italie, leur dit-il, pendant neuf « ans ma vie vous a été consacrée ; depuis « neuf ans il n'est pas un instant de cette vie « qui n'ait été employée audedans à votre « bonheur, audehors à votre défense. J'ai « trouvé la récompense de mes soins et de « mes peines dans vos cœurs, et aussi dans « le mien. J'ai reçu de vous d'honorables « suffrages ; l'histoire les a recueillis, afin qu'a- « près les avoir goûtés moi - même avec dé- « lices ils fussent légués en héritage à mes « enfans. Oui, j'ai senti tout ce qu'offraient « de doux au cœur de l'homme l'affection et « la reconnaissance d'un peuple, réunies au « témoignage d'une conscience sans repro- « ches ! Après ces longues preuves de mon « dévouement et de mon amour je vous ai « donné la marque la plus signalée d'une con- « fiance portée jusqu'à l'abandon ; je me suis « séparé de mes amis naturels pour rester « seul parmi les amis de mon choix. Mais de « nouveaux changemens politiques m'obli- « gent à m'éloigner de vous, et rendent in- « certain l'accomplissement d'un vœu qu'il « me fut bien permis de laisser échapper une

« fois quand vous l'aviez vous - même mani-
« festé mille. Peuples du royaume, en quel-
« que lieu que la providence me place le
« cours de mes affections ne peut plus chan-
« ger ; depuis long-temps le premier objet
« de mes vœux ne pouvait plus être que vo-
« tre félicité. Italiens, soyez donc heureux !
« Vous pouvez me devenir étrangers ; mais
« indifférens jamais ! Pourtant il faut que,
« pour jouir sans mélange du souvenir du
« tems que j'aurais vécu parmi vous, j'écarte
« de moi le souvenir des circonstances où je
« vous aurai quittés. Et vous , brave armée
« italienne, soldats dont j'emporte à jamais
« gravés dans mon cœur tous les noms, tous
« les traits, toutes les blessures, tous les ser-
« vices , ces blessures reçues sous mes yeux,
« ces services dont je vous ai procuré les jus-
« tes récompenses , peut-être ne me verrez-
« vous plus à votre tête et dans vos rangs !
« peut-être n'entendrai-je plus vos acclama-
« tions ! Mais si jamais la patrie vous rap-
« pelle aux armes , j'en suis sûr , braves
« soldats , vous aimerez encore au fort du
« danger à vous rappeler le nom d'Eugène. »

Les traits de l'empereur étaient un reproche pour les traîtres ; ils s'empressèrent

d'abattre ses images : le silence d'un peuple
surpris et consterné fut la désapprobation publique d'un acte injuste et attentatoire à la
gratitude nationale. Comme si les gens de la
faction devaient alors épuiser tous les excès,
tous les genres de folie, on fut jusqu'à lui contester sa valeur, sa gloire, ses talens militaires, le bien qu'il avait fait, et même son
nom et la date de sa naissance.

Ce grand homme, qui pendant vingt ans
avait occupé le monde de sa renommée, se
vit lâchement abandonné de beaucoup de ceux
qu'il avait comblés de bienfaits, d'honneurs
et de richesses. Le peuple et l'armée lui restèrent fidèles.

Par la force et la trahison on peut s'emparer
d'un grand homme, mais non le faire oublier; on peut par des moyens sourds en
imposer à la multitude, mais il faut des qualités réelles pour l'effacer de la mémoire des
hommes.

Les Français, étourdis d'événemens inatten-
dus, dont le plus grand nombre ignorait les
causes secrètes, furent consternés, non abat-
tus : tout entiers au sentiment de leurs maux,
leur silence sur des changemens qu'ils n'a-

vaient pas consentis fut une suite de la lassitude même de la nation. Ils subirent sans approbation ni improbation les Bourbons que l'étranger leur imposa, et qui étaient étrangers pour le plus grand nombre : beaucoup s'en indignèrent ; mais le besoin de se reposer de vingt-cinq ans d'agitations était généralement senti, et ce repos était nécessaire à une nation brave, généreuse, et pleine de grands souvenirs, pour se venger du crime de la trahison. L'attitude fière de la France dans son humiliation imprima du respect aux alliés, qui craignirent de l'irriter : ces alliés, que les factieux eurent l'impudeur de nommer les libérateurs de l'Europe, quittèrent ses provinces, emportant une idée vraie d'un peuple grand même dans ses revers, et que ses victoires, ses conquêtes et ses travaux avaient dès long-tems forcé à l'admirer.

Cet état de choses était violent, et les gens sensés prévirent de nouveaux troubles et de nouveaux malheurs. En vain on chercha à dérouter l'opinion publique ; on ne put étouffer la vérité ni détourner les peuples du sentiment de leur malaise. La paix, dont les royalistes et l'étranger proclamaient le retour avec fureur, ne pouvait plus être un bien pour les nations : en se consolidant (1) elle n'eût été que la dégénération des Etats , qu'un retour rétrograde vers la servitude politique des peuples et la barbarie des tems anciens.

Le retour des Bourbons fut une calamité publique : on ne put dire si leur présence compromit plus le salut de l'Etat qu'elle ne fut avilissante pour les Français.

Donnons-nous ici le spectacle des choses humaines. Comme si la France était une dépouille , chaque prince s'empressa de reprendre une partie de ses provinces incorporées ; des peuples s'en détachèrent pour redevenir indépendans. Dans ce démembrement des accroissemens de la France un esprit de vertige dirigea les Etats , et l'Angleterre le fomenta pour augmenter les désordres du continent par plus de complication dans sa politique.

Les incorporations à la France étaient nécessaires à sa sûreté et à son poids dans l'Europe : la précipitation d'un sot enleva à la France le fruit de vingt ans de gloire et de triomphes dus à la valeur de ses armées.

Un prince, sans modèle dans les annales

____

(1) Si un tel malheur eût alors été possible.

des peuples, et seul digne de commander
à une grande nation, avait fait connaître
aux Français un gouvernement fort et plein
de gloire, avait donné aux esprits un élan
pour tout ce qui est grand : on vit régner
alors l'ignorance, l'ineptie et la mauvaise foi.
A cette exaltation des esprits, qui seule porte
aux grandes choses, succédèrent les préjugés
anciens, les opinions les plus contraires à
l'ordre social et au simple bon sens.

On avait vu des hommes attachés au ré-
publicanisme adopter le gouvernement impérial sans déroger à la grandeur de leur caractère ; on vit alors des hommes attachés à
l'Empereur se donner sans honte à la faction
des Bourbons.

Des hommes bannis par les lois de l'Etat,
et devenus étrangers à la France, coupables
même d'avoir porté les armes contre la patrie
ou d'avoir participé aux assassinats et au bri-
gandage dans les tems de troubles, furent
seuls Français pour des princes proscrits eux-
mêmes, dès longtems étrangers, et criminels
envers l'Etat. Les Français qui servirent la
cause sacrée de la révolution, les braves
qui versèrent leur sang pour la patrie perdirent leurs emplois, et furent écartés : ce qu

était leur titre à l'estime et à la reconnaissance de leurs concitoyens devint un motif
de réprobation. Impatiens dans leur criminel
délire, les Bourbons et leurs partisans réso-
lurent la mort des uns et des autres. Les
institutions les plus utiles de la révolution et
d'un siècle éclairé, les plus honorables pour
le peuple qui les avait fondées, ne furent
point respectées ; les personnes, les biens et
les consciences furent inquiétés, et les promesses les plus solennelles violées ; et comme
si tout dans les tems malheureux de cet inter-
règne devait être illégitime et illégal, la
duplicité couvrit ces attentats du retour à
l'ordre et du respect pour les personnes et les
choses.

Un cri unanime s'éleva contre l'hypo-
crisie d'un gouvernement anti - national,
contre les prétentions des partisans des institutions anciennes ; et dans cette lutte des
lumières et de la volonté nationale contre
le système monarchique-féodal, la France
s'anéantissait insensiblement.

Napoléon reparut tout à coup pour venger
la France de l'ineptie et des attentats d'un
gouvernement illégitime, et la sauver des
projets de l'étranger, pour faire respecter son

(182)

indépendance, et la replacer au rang de première puissance de l'Europe ; (1) sa grande
ame veillait de sa retraite sur la France,
et, comme à son retour d'Egypte, il la sauva
une seconde fois. « Français, la défection
« du duc de Castiglione livra Lyon sans dé-
« fense à nos ennemis ; l'armée dont je lui
« avais confié le commandement était, par
« le nombre de ses bataillons, la bravoure et
« le patriotisme des troupes qui la compo-
« saient, à même de battre le corps d'armée
« autrichien qui lui était opposé, et d'arriver
« sur les derrières du flanc gauche de l'armée
« ennemie qui menaçait Paris. Les victoires
« de Champ-Aubert, de Montmirail, de Châ-
« teau-Thierry, de Vauchamp, de Mormans,
« de Montereau, de Craonne, de Reims,
« d'Arcy-sur-Aube et de Saint-Dizier, l'insur-
« rection des braves paysans de la Lorraine, de
« la Champagne, de l'Alsace, de la Franche-
« Comté et de la Bourgogne, et la position
« que j'avais prise sur les derrières de l'armée
« ennemie en la séparant de ses magasins,

____

(1) Il débarqua au golfe Juan, le 1er mars 1815,
avec le petit nombre de braves qui l'avaient suivi à
l'île d'Elbe.

« de ses parcs de réserve, de ses convois et
« de tous ses équipages, l'avaient placée dans
« une situation désespérée. Les Français ne
« furent jamais sur le point d'être plus puis-
« sans, et l'élite de l'armée ennemie était
« perdue sans ressource ; elle eût trouvé son
« tombeau dans ces vastes contrées qu'il
« avait si impitoyablement saccagées, lorsque
« la trahison du duc de Raguse livra la ca-
« pitale et désorganisa l'armée. La conduite
« inattendue de ces deux généraux, qui tra-
« hirent à la fois leur patrie, leur prince et
« leur bienfaiteur, changea le destin de la
« guerre. La situation désastreuse de l'enne-
« mi était telle qu'à la fin de l'affaire qui eut
« lieu devant Paris, il était sans munitions,
« per la séparation de ses parcs de réserve.
« Dans ces nouvelles et grandes circons-
« tances mon cœur fut déchiré ; mais mon
« ame resta inébranlable. Je ne consultai
« que l'intérêt de la patrie ; je m'exilai sur
« un rocher au milieu des mers : ma vie
« vous était et devait encore vous être utile.
« Je ne permis pas que le grand nombre
« de citoyens qui voulaient m'accompagner
« partageassent mon sort ; je crus leur pré-
« sence utile à la France, et je n'emme-

« nai avec moi qu'une poignée de braves
« nécessaires à ma garde. Elevé au trône
« par votre choix, tout ce qui a été fait sans
« vous est illégitime. Depuis vingt-cinq ans
« la France a de nouveaux intérêts, de nou-
« velles institutions, une nouvelle gloire, qui
« ne peuvent être garantis que par un gou_
« vernement national et par une dynastie
« née dans ces nouvelles circonstances. Un
« prince qui régnerait sur vous, qui serait as-
« sis sur mon trône par la force des mêmes
« armées qui ont ravagé notre territoire,
« chercherait en vain à s'étayer des prin-
« cipes du droit féodal ; il ne pourrait as-
« surer l'honneur et les droits que d'un pe-
« tit nombre d'individus ennemis du peuple,
« qui depuis vingt-cinq ans les a condam-
« nés dans toutes nos assemblées nationales :
« votre tranquillité intérieure et votre con-
« sidération extérieure seraient perdues à ja-
« mais. Français, dans mon exil j'ai entendu
« vos plaintes et vos vœux : vous récla-
« mez ce gouvernement de votre choix,
« qui seul est légitime ; vous accusiez mon
« long sommeil ; vous me reprochiez de sa-
« crifier à mon repos les grands intérêts de
« la patrie. J'ai traversé les mers au milieu

« des périls de toute espèce ; j'arrive parmi
« vous reprendre mes droits, qui sont les
« vôtres. Tout ce que des individus ont
« fait, écrit ou dit depuis la prise de Pa-
« ris je l'ignorerai toujours ; cela n'influera
« en rien sur le souvenir que je conserve
« des services importans qu'ils ont rendus ;
« car il est des événemens d'une telle na-
« ture, qu'ils sont audessus de l'organisa-
« tion humaine. Français, il n'est aucune
« nation, quelque petite qu'elle soit, qui
« n'ait eu le droit et ne se soit soustraite
« au déshonneur d'obéir à un prince im-
« posé par un ennemi momentanément vic-
« torieux. Lorsque Charles VII rentra à Paris
« et renversa le trône éphémère de Henri VI,
« il reconnut tenir son trône de la vaillance
« de ses braves, et non d'un prince régent
« d'Angleterre. C'est aussi à vous seuls et
« aux braves de l'armée que je fais et ferai
« toujours gloire de tout devoir. —Soldats,
« nous n'avons pas été vaincus. Deux hom-
« mes sortis de nos rangs ont trahi nos
« lauriers, leur pays, leur prince, leur
« bienfaiteur. Ceux que nous avons vus pen-
« dant vingt-cinq ans parcourir toute l'Eu-
« rope pour nous susciter des ennemis, qui

« ont passé leur vie à combattre contre nous
« dans les rangs des armées étrangères,
« en maudissant notre belle France, pré-
« tendraient commander et enchaîner nos
« aigles, eux qui n'ont jamais pu en soutenir
« les regards ! Souffrirons - nous qu'ils hé-
« ritent du fruit de nos glorieux travaux !
« qu'ils s'emparent de nos honneurs, de nos
« biens ! qu'ils calomnient notre gloire ! Si
« leur règne durait, tout serait perdu, même
« le souvenir de ces immortelles journées.
« Avec quel acharnement ils les dénaturent !
« Ils cherchent à empoisonner ce que le monde
« admire ; et s'il reste encore des défenseurs
« de notre gloire c'est parmi ces mêmes en-
« nemis que nous avons combattus sur le
« champ de bataille ! Soldats, dans mon
« exil j'ai entendu votre voix ; je suis arrivé
« à travers tous les obstacles et tous les pé-
« rils. Votre général, appelé au trône par le
« choix du peuple, et élevé sur vos pavois,
« vous est rendu ; venez le joindre. Arrachez
« ces couleurs que la nation a proscrites, et
« qui pendant vingt - cinq ans servirent de
« ralliement à tous les ennemis de la France !
« Arborez cette cocarde tricolore ; vous la
« portiez dans ces grandes journées ! Nous

« devons oublier que nous avons été les
« maîtres des nations ; mais nous ne devons
« pas souffrir qu'aucune se mêle de nos af-
« faires. Qui prétendrait être maître chez
« nous ? qui en aurait le pouvoir ? Repre-
« nez ces aigles que vous aviez à Ulm, à
« Austerlitz, à Jéna, à Eylau, à Friedland,
« à Tudella, à Eckmül, à Essling, à Wa-
« gram, à Smolensk, à la Moscowa, à Lut-
« zen, à Vurchen, à Montmirail. Pensez-
« vous que cette poignée de Français, au-
« jourd'hui si arrogans, puissent en soutenir
« la vue ? Ils retourneront d'où ils viennent ;
« et là, s'ils le veulent, ils régneront comme
« ils prétendent l'avoir fait depuis dix-neuf
« ans. Vos rangs, vos biens, votre gloire,
« les biens, les rangs et la gloire de vos en-
« fans n'ont pas de plus grands ennemis que
« ces princes que les étrangers nous ont
« imposés : ils sont les ennemis de notre
« gloire, puisque le récit de tant d'actions
« héroïques qui ont illustré le peuple fran-
« çais combattant contre eux pour se sous-
« traire à leur joug, est leur condamnation.
« Les vétérans des armées de Sambre-et-
« Meuse, du Rhin, d'Italie, d'Egypte, de
« l'ouest, de la grande armée sont humi-

« liés ! leurs honorables cicatrices sont flé-
« tries ! Leurs succès seraient des crimes,
« ces braves seraient des rebelles si, comme
« le prétendent les ennemis du peuple, les
« souverains légitimes étaient au milieu de
« l'ennemi ! Les honneurs, les récompenses,
« leur affection sont pour ceux qui les ont
« servis contre la patrie et contre nous. Sol-
« dats, venez vous ranger sous les drapeaux
« de votre chef. Son existence ne se com-
« pose que de la vôtre ; ses droits ne sont
« que ceux du peuple et les vôtres ; son in-
« térêt, son honneur et sa gloire ne sont
« autres que votre intérêt, votre honneur
« et votre gloire. La victoire marchera au
« pas de charge ; l'aigle avec les couleurs
« nationales volera de clocher en clocher
« jusqu'aux tours de Notre - Dame : alors
« vous pourrez vous vanter de ce que vous
« aurez fait ; vous serez les libérateurs de la
« patrie. Dans votre vieillesse, entourés et
« considérés de vos concitoyens, ils vous
« entendront avec respect raconter vos hauts
« faits ; vous pourrez dire avec orgueil : *Et*
« *moi aussi je faisais partie de cette grande*
« *armée* qui est entrée deux fois dans les
« murs de Vienne, dans ceux de Berlin, de

« Madrid, de Moscou, et qui a délivré Paris
« de la souillure que la trahison et la pré-
« sence de l'ennemi y ont empreinte! Hon-
« neur à ces braves soldats, la gloire de la
« patrie ! et honte éternelle aux Français
« criminels, dans quelque rang que la for-
« tune les ait fait naître, qui combattirent
« vingt-cinq ans avec l'étranger pour dé-
« chirer le sein de la patrie! » (1)

L'arrivée subite de Napoléon, sa marche
rapide et triomphale vers Paris ranimèrent
l'espoir des Français, et jetèrent l'effroi dans
les Bourbons et les royalistes. Les acclama-
tions des villes et des soldats, le concours des
citoyens qui se pressèrent sur son passage pour
saluer leur empereur, et qui l'accompagnèrent
de leurs vœux, l'accord unanime des opinions
qui le rappela à l'autorité qu'il avait illustrée
justifièrent la hardiesse de son entreprise. Le
peuple et l'armée revirent en lui leur sauveur,
et il fut reçu comme un père ; lui seul pouvait
ramener les Français à leurs premières libertés et terminer leur révolution. Ce dévoue-

____

(1) Proclamations de Napoléon au peuple français
et à l'armée.

ment unique d'une nation à son prince fut la récompense digne des services qu'il avait rendus à l'Etat, et fondée sur le juste espoir de ceux qu'il pouvait lui rendre encore.

Les Bourbons sentirent leur impuissance, et combien ils avaient mécontenté les Français. Réprouvés des amis sincères de la patrie, méprisés des sages, abandonnés des peuples indignés, réduits à leurs propres forces et à leur nullité, ils excitèrent à la guerre civile, armèrent leurs partisans, et leur demandèrent la tête du prince légitime que le vœu du peuple et de l'armée rappelait au trône. (1) A son approche ils fuirent la France, qui les rejetait, et cherchèrent un asile chez l'étranger, qui les méprisait. La France fut sauvée une seconde fois.

Comme si tout dût être extraordinaire dans ces tems, celui qui avait étonné l'univers par ses victoires, qui s'était vu le maître en Europe, limita lui-même sa puissance : la France se reposa de vingt-six ans d'agitations

____

(1) Chez une nation brave et généreuse ils voulurent l'assassinat, cette arme des faibles et des lâches.

dans les causes premières de sa révolution ; et allèrent s'accomplir les destinées de l'Europe et du monde.

Instruits par notre révolution, les peuples sont mûrs pour la liberté : les tems de leur régénération sociale sont venus ; l'aveugle politique des princes, nous forçant à porter nos armes dans leurs Etats, aura aussi rendu involontairement le contact de peuple à peuple plus direct, et pour la première fois l'affranchissement des nations naîtra de la guerre. Les peuples ont maintenant le sentiment de leurs droits : ils voudront s'en ressaisir ; déjà ils en manifestent la volonté. L'année de crise politique qui vient de s'écouler n'a point été perdue : la cause des peuples et des rois a été jugée ; et une révolution juste dans ses causes, terrible dans ses moyens, bienfaisante dans ses résultats, et amenée par les tems et par la force irrésistible du développement de la raison dans les hommes, deviendra commune à l'Europe. La fermentation sourde qui agite présentement les peuples n'attend qu'une opposition violente pour se manifester audehors, et l'imprévoyante et oppressive politique des princes, leur résistance au vœu des peuples précipiteront ces tems de révolutions, qu'il n'est plus à la prudence et au pouvoir humain d'arrêter. (1)

Tandis que nous allons jouir d'une tranquillité et d'une prospérité acquises par tant de travaux et de commotions, et garanties par vingt années de gloire et d'entreprises désormais impérissables et inconnues dans les annales des nations, l'Espagne, éclairée par notre séjour dans ses provinces, oubliant un mal passager pour la connaissance de ses droits, dont elle nous bénira un jour, sentira le besoin de ses libertés, depuis tant de siècles oubliées par ses peuples, et méconnues par ses princes. L'Italie voudra s'affranchir de tout joug étranger, et voir ses peuples, partagés

---

(1) « Les révolutions sont le produit lent mais iné-
« vitable des tems; rien ne peut aussi en arrêter le
« cours : l'impulsion une fois donnée, toute résistance
« ajoute à sa force, loin d'ôter à sa puissance. C'est
« une masse contre laquelle se brisent tous les ef-
« forts particuliers; elle entraîne dans sa direction
« les volontés opposantes, ou attire toutes celles qui
« se trouvent dans son orbe. Il n'est pas au pouvoir
« humain d'empêcher l'ordre naturel des choses po-
« litiques, non plus que les révolutions de la nature. »
CONSIDÉRATIONS POLITIQUES ET MORALES SUR LES CONS-
TITUTIONS.

jusqu'alors, ne former qu'une seule nation. L'Allemagne revendiquera ses franchises primitives, s'élevera également contre le morcellement de ses peuples, et se constituera en un seul état. La Hongrie, indépendante, se donnera également des chefs de son choix. La Pologne recouvrira son indépendance politique, et ses habitans voudront être tous libres. Les Russes mêmes, appelés par ces exemples à être enfin comptés parmi les nations civilisées, chercheront à être libres, et proclameront un affranchissement dont ils sont venus chercher le germe en France. La Turquie éprouvera à son tour un pareil changement intérieur, et la liberté sociale s'y élevera sur les ruines du despotisme politique et religieux. L'Angleterre, entraînée par le cours inévitable de cette grande révolution politique, éprouvera une commotion intérieure qui vengera l'Europe et l'humanité des crimes de sa corruption et de ses prétentions dévastatrices et cupides, et cette commotion la remettra dans son rang inférieur parmi les nations de la famille européenne. L'Amérique se détachera entièrement de l'Europe, et le commerce formera désormais le lien des deux continens. Les lumières et les sciences affranchiront tous les peuples

de tout système de religion ; et de l'indépendance sociale et personnelle, les peuples au-
ront passé à l'anarchie des nobles, au despotisme des cours, et enfin à ces commotions
politiques qui mènent à la liberté, sans laquelle point de civilisation.

Alors l'agrandissement de quelques Etats
ôtera le motif et le prétexte de beaucoup de
guerres. Les nations, mieux pondérées entre
elles, plus sûres dans leur intérieur, plus
indépendantes audehors, seront aussi mieux
éclairées sur leurs droits et leurs devoirs res-
pectifs. Chaque peuple, renfermé dans les
limites que lui assigneront son existence et
son poids dans la balance politique pour la
tranquillité et le maintien de la confédération
générale, se balancera dans un heureux équilibre, et se trouvera dans une proportion
déterminée par des considérations prises dans
la position relative des pays ; car ce sont
moins les traités qui assurent le repos des
Etats que le sentiment qu'ils ont de ne pouvoir se nuire, leurs forces étant presque égales.
La confédération européenne sera alors créée
pour la première fois.

L'uniformité des lois et des institutions
établira une paix durable entre les nations,

parce que de cette uniformité résulteront des mœurs et des opinions semblables. Elles s'empresseront de recevoir de la France leurs lois et leurs institutions comme un bien pour leur civilisation et leur bonheur, et comme si la France devait en tout servir de modèle au reste du monde,

L'amour de la patrie, cette vertu particulière des nations qui aurait pu faire toute leur force quand chaque peuple était comme étranger parmi les peuples, et avait toujours à craindre de la jalousie ou de l'ambition de ses voisins, ne sera plus la force nécessaire à leur conservation quand les nations, mieux éclairées, sentiront qu'elles ne sont que des membres d'une grande famille, et que, régies par des lois et des institutions semblables, un même esprit les dirigera toutes. (1)

---

(1) Dès que l'amour de la patrie devient exclusif aux dépens de l'humanité, c'est à dire de ce sentiment bien ordonné qui nous porte à aimer tous les hommes et à vouloir le bien de tous les hommes sans distinction de pays et de contrées, il cesse d'être une vertu, et nous démoralise même. C'est ainsi que les Romains furent un peuple féroce ; que les Anglais ne sont que d'orgueilleux égoïstes, sans foi, cupides et

Comme la population n'augmente que là où les bonnes lois et l'aisance portent au mariage, si l'Europe se trouvait jamais dans l'heureuse position d'être trop peuplée, ce qui serait en faveur de ses lois et de ses institutions, ou elle pourrait suffire à cet excès de population par sa culture, son industrie et son commerce, ou elle rejetterait sans inconvénient cette surabondance audehors.

---

corrupteurs. La patrie est pour le sage ce que la famille est pour les parens : il préfère son bien ; mais il veut le bien de tous les peuples ; car le bonheur de son pays est dépendant de celui des autres pays.

FIN.